は　じ　め　に

技能検定は、労働者の有する技能を一定の基準によって検定し、これを公証する国家検定制度であり、技能に対する社会一般の評価を高め、働く人々の技能と地位の向上を図ることを目的として、職業能力開発促進法に基づいて1959年（昭和34年）から実施されています。

当研究会では、1975年（昭和50年）から技能検定試験受検者の学習に資するため、過去に出題された学科試験問題（１・２級）に解説を付して、「学科試験問題解説集」を発行しております。

このたびさらに、令和２・３・４年度に出題された学科試験問題、ならびに令和４年度の実技試験問題（計画立案等作業試験は令和２・３・４年度を収録）を「技能検定試験問題集（正解表付き）」として発行することになりました。

本問題集が１級・２級の技能士を目指して技能検定試験を受検される多くの方々にご利用いただき、大きな成果が上がることを祈念いたします。

令和５年７月

一般社団法人 雇用問題研究会

目　　次

技 能 検 定 の 概 要

1　技能検定試験の等級区分

技能検定試験は合格に必要な技能の程度を等級ごとに次のとおりに区分しています。

特　　級：検定職種ごとの管理者又は監督者が通常有すべき技能及びこれに関する知識の程度

１　　級：検定職種ごとの上級の技能労働者が通常有すべき技能及びこれに関する知識の程度

２　　級：検定職種ごとの中級の技能労働者が通常有すべき技能及びこれに関する知識の程度

３　　級：検定職種ごとの初級の技能労働者が通常有すべき技能及びこれに関する知識の程度

単一等級：検定職種ごとの上級の技能労働者が通常有すべき技能及びこれに関する知識の程度

※これらの他に外国人実習生等を対象とした基礎級があります。

2　検定試験の基準

技能検定は、実技試験及び学科試験によって行われています。

実技試験は、実際に作業などを行わせて、その技量の程度を検定する試験であり、学科試験は、技能の裏付けとなる知識について行う試験です。

実技試験及び学科試験は、検定職種の等級ごとに、それぞれの試験科目及びその範囲が職業能力開発促進法施行規則により、また、その具体的な細目が厚生労働省人材開発統括官通知により定められています。

(1)　実技試験

実技試験は、実際に作業（物の製作、組立て、調整など）を行わせて試験する、製作等作業試験が中心となっており、検定職種の大部分のものについては、その課題が試験日に先立って公表されています。

試験時間は、１級、２級及び単一等級については原則として５時間以内、３級については３時間以内が標準となっています。

また、検定職種によっては、製作等作業試験の他、実際的な能力を試験するため、次のような判断等試験又は計画立案等作業試験が併用されることがあります。

① 判断等試験

判断等試験は、製作等作業試験のみでは技能評価が困難な場合又は検定職種の性格や試験実施技術等の事情により製作等作業試験の実施が困難な場合に用いられるもので、例えば技能者として体得していなければならない基本的な技能について、原材料、模型、写真などを受検者に提示し、判別、判断などを行わせ、その技能を評価する試験です。

② 計画立案等作業試験

製作等作業試験、判断等試験の一方又は双方でも技能評価が不足する場合に用いられるもので、現場における実際的、応用的な課題を、表、グラフ、文章などにより設問したものを受検者に提示し、計算、計画立案、予測などを行わせることにより技能の程度を評価する試験です。

(2) 学科試験

学科試験は、単に学問的な知識を試験するものではなく、作業の遂行に必要な正しい判断力及び知識の有無を判定することに主眼がおかれています。また、それぞれの等級における試験の概要は次表のとおりです。

この中で、真偽法は一つの問題文の正誤を解答する形式であり、五肢択一法及び四肢択一法は一つの問題文について複数の選択肢の中から一つを選択して解答する形式です。

■学科試験の概要

等級区分	試験の形式	問題数	試験時間
特　　級	五肢択一法	50 題	2 時間
1　　級	真偽法及び四肢択一法	50 題	1 時間 40 分
2　　級	真偽法及び四肢択一法	50 題	1 時間 40 分
3　　級	真偽法	30 題	1 時間
単一等級	真偽法及び四肢択一法	50 題	1 時間 40 分

3　技能検定の受検資格

技能検定を受検するには、原則として検定職種に関する実務の経験が必要で、その年数は職業訓練歴、学歴等により異なっています（別表１参照）。

この実務の経験の範囲には、現場での作業のみならず管理、監督、訓練、教育及び研究の業務や訓練又は教育を受けた期間が含まれます。

4　試験の実施日程

技能検定試験は職種ごとに前期、後期に分かれていますが、日程の概要は次のとおりです。

項	前　期	後　期
受付期間	4月上旬～中旬	10月上旬～中旬
実技試験	6月上旬～9月上旬	12月上旬～翌年2月中旬
学科試験	8月下旬～9月上旬の日曜日 3級は7月上旬～中旬の日曜日	翌年1月下旬～2月上旬の日曜日
合格発表	10月上旬、3級は8月下旬	翌年3月中旬

※日程の詳細については都道府県職業能力開発協会（連絡先等は別表2参照）にお問い合わせ下さい。

5　技能検定の実施体制

技能検定は厚生労働大臣が定めた、実施計画に基づいて行うものですが、その実施業務は、厚生労働大臣、都道府県知事、中央職業能力開発協会、都道府県職業能力開発協会等の間で分担されており、受検の受付及び試験の実施については、都道府県職業能力開発協会が行っています。

6　技能検定試験受検手数料

技能検定試験の受検手数料は「実技試験：18,200円」及び「学科試験：3,100円」を標準額として、職種ごとに各都道府県で決定しています（令和5年4月1日現在、都道府県知事が実施する111職種）。

なお、25歳未満の在職者の方は、2級又は3級の実技試験の受検手数料が最大9,000円減額されます。詳しくは都道府県職業能力開発協会にお問い合わせ下さい。

7　技能検定の合格者

技能検定の合格者には、厚生労働大臣名（特級、1級、単一等級）又は都道府県知事名等（2級、3級）の合格証明が交付され、技能士と称することができます。

別表1

技能検定の受検に必要な実務経験年数一覧

（都道府県知事が実施する検定職種）

（単位：年）

<table>
<tr><th rowspan="2" colspan="2">受検対象者
（※1）</th><th>特級</th><th colspan="3">1　級</th><th colspan="2">2　級</th><th rowspan="2">3
級
（※6）</th><th rowspan="2">基礎級
（※6）</th><th rowspan="2">単一等級</th></tr>
<tr><th>1　級
合格後</th><th></th><th>2　級
合格後</th><th>3　級
合格後</th><th>（※6）</th><th>3　級
合格後</th></tr>
<tr><td colspan="2">実務経験のみ</td><td rowspan="15">5</td><td>7</td><td rowspan="10">2</td><td rowspan="10">4</td><td>2</td><td rowspan="13">0</td><td>0 ※7</td><td>0 ※7</td><td>3</td></tr>
<tr><td colspan="2">専門高校卒業　※2
専修学校（大学入学資格付与課程に限る）卒業</td><td>6</td><td>0</td><td>0</td><td>0</td><td>1</td></tr>
<tr><td colspan="2">短大・高専・高校専攻科卒業　※2
専門職大学前期課程修了
専修学校（大学編入資格付与課程に限る）卒業</td><td>5</td><td>0</td><td>0</td><td>0</td><td>0</td></tr>
<tr><td colspan="2">大学卒業（専門職大学前期課程修了者を除く）　※2
専修学校（大学院入学資格付与課程に限る）卒業</td><td>4</td><td>0</td><td>0</td><td>0</td><td>0</td></tr>
<tr><td rowspan="3">専修学校　※3
又は各種学校卒業
（厚生労働大臣が指定したものに限る。）</td><td>800時間以上</td><td>6</td><td>0</td><td>0 ※8</td><td>0 ※8</td><td>1</td></tr>
<tr><td>1600時間以上</td><td>5</td><td>0</td><td>0 ※8</td><td>0 ※8</td><td>1</td></tr>
<tr><td>3200時間以上</td><td>4</td><td>0</td><td>0 ※8</td><td>0 ※8</td><td>0</td></tr>
<tr><td>短期課程の普通職業訓練修了 ※4 ※9</td><td>700時間以上</td><td>6</td><td>0</td><td>0 ※5</td><td>0 ※5</td><td>1</td></tr>
<tr><td rowspan="2">普通課程の普通職業訓練修了 ※4 ※9</td><td>2800時間未満</td><td>5</td><td>0</td><td>0</td><td>0</td><td>1</td></tr>
<tr><td>2800時間以上</td><td>4</td><td>0</td><td>0</td><td>0</td><td>0</td></tr>
<tr><td colspan="2">専門課程又は特定専門課程の高度職業訓練修了 ※4 ※9</td><td>3</td><td>1</td><td>2</td><td>0</td><td>0</td><td>0</td><td>0</td></tr>
<tr><td colspan="2">応用課程又は特定応用課程の高度職業訓練修了 ※9</td><td colspan="3">1</td><td>0</td><td>0</td><td>0</td><td>0</td></tr>
<tr><td colspan="2">指導員養成課程の指導員養成訓練修了 ※9</td><td colspan="3">1</td><td>0</td><td>0</td><td>0</td><td>0</td></tr>
<tr><td colspan="2">職業訓練指導員免許取得</td><td colspan="3">1</td><td>—</td><td>—</td><td>—</td><td>—</td><td>0</td></tr>
<tr><td colspan="2">高度養成課程の指導員養成訓練修了 ※9</td><td colspan="3">0</td><td>0</td><td>0</td><td>0</td><td>0</td><td>0</td></tr>
</table>

※ 1：検定職種に関する学科、訓練科又は免許職種に限る。

※ 2：学校教育法による大学、短期大学又は高等学校と同等以上と認められる外国の学校又は他法令学校を卒業した者並びに独立行政法人大学改革支援・学位授与機構により学士の学位を授与された者は学校教育法に基づくそれぞれのものに準ずる。

※ 3：大学入学資格付与課程、大学編入資格付与課程及び大学院入学資格付与課程の専修学校を除く。

※ 4：職業訓練法の一部を改正する法律（昭和53年法律第40号）の施行前に、改正前の職業訓練法に基づく高等訓練課程又は特別高等訓練課程の養成訓練を修了した者は、それぞれ改正後の職業能力開発促進法に基づく普通課程の普通職業訓練又は専門課程の高度職業訓練を修了したものとみなす。また、職業能力開発促進法の一部を改正する法律（平成4年法律第67号）の施行前に、改正前の職業能力開発促進法に基づく専門課程の養成訓練を修了した者は、専門課程の高度職業訓練を修了したものとみなし、改正前の職業能力開発促進法に基づく普通課程の養成訓練又は職業転換課程の能力再開発訓練（いずれも800時間以上のものに限る。）を修了した者はそれぞれ改正後の職業能力開発促進法に基づく普通課程又は短期課程の普通職業訓練を修了したものとみなす。

※ 5：総訓練時間が700時間未満のものを含む。

※ 6：3級（前期又は後期の期間にかかわらず随時実施するものは除く。）の技能検定については、上記のほか、検定職種に関する学科に在学する者及び検定職種に関する訓練科において職業訓練を受けている者等も受検できる。また、工業高等学校に在学する者等であって、かつ、工業高等学校の教員等による検定職種に係る講習を受講し、当該講習の責任者から技能検定試験受検に際して安全衛生上の問題等がないと判定されたものも受検できる。また、基礎級の技能検定については技能実習生のみが、3級（前期又は後期の期間にかかわらず随時実施するものに限る。）は基礎級（旧基礎1級及び基礎2級を含む）に合格した者のみが、2級（前期又は後期の期間にかかわらず随時実施するものに限る。）は基礎級（旧基礎1級及び基礎2級を含む）及び当該検定職種に係る3級の実技試験に合格した者のみが、受検できる。

※ 7：検定職種に関し実務の経験を有する者について、受検資格を認めることとする。

※ 8：当該学校が厚生労働大臣の指定を受けたものであるか否かに関わらず、受検資格を付与する。

※ 9：職業能力開発促進法第92条に規定する職業訓練又は指導員訓練に準ずる訓練の修了者においても、修了した職業訓練又は指導員訓練の訓練課程に応じ、受検資格を付与する。

別表２　**都道府県及び中央職業能力開発協会所在地一覧**

（令和５年４月現在）

協　会　名	郵便番号	所　在　地	電話番号
北海道職業能力開発協会	003-0005	札幌市白石区東札幌５条1-1-2　北海道立職業能力開発支援センター内	011-825-2386
青森県職業能力開発協会	030-0122	青森市大字野尻字今田43-1　青森県立青森高等技術専門校内	017-738-5561
岩手県職業能力開発協会	028-3615	紫波郡矢巾町大字南矢幅10-3-1　岩手県立産業技術短期大学校内	019-613-4620
宮城県職業能力開発協会	981-0916	仙台市青葉区青葉町16-1	022-271-9917
秋田県職業能力開発協会	010-1601	秋田市向浜1-2-1　秋田県職業訓練センター内	018-862-3510
山形県職業能力開発協会	990-2473	山形市松栄2-2-1	023-644-8562
福島県職業能力開発協会	960-8043	福島市中町8-2　福島県自治会館５階	024-525-8681
茨城県職業能力開発協会	310-0005	水戸市水府町864-4　茨城県職業人材育成センター内	029-221-8647
栃木県職業能力開発協会	320-0032	宇都宮市昭和1-3-10　栃木県庁舎西別館	028-643-7002
群馬県職業能力開発協会	372-0801	伊勢崎市宮子町1211-1	0270-23-7761
埼玉県職業能力開発協会	330-0074	さいたま市浦和区北浦和5-6-5　埼玉県浦和合同庁舎５階	048-829-2802
千葉県職業能力開発協会	261-0026	千葉市美浜区幕張西4-1-10	043-296-1150
東京都職業能力開発協会	101-8527	千代田区内神田1-1-5　東京都産業労働局神田庁舎５階	03-6631-6052
神奈川県職業能力開発協会	231-0026	横浜市中区寿町1-4　かながわ労働プラザ６階	045-633-5419
新潟県職業能力開発協会	950-0965	新潟市中央区新光町15-2　新潟県公社総合ビル４階	025-283-2155
富山県職業能力開発協会	930-0094	富山市安住町7-18　安住町第一生命ビル２階	076-432-9887
石川県職業能力開発協会	920-0862	金沢市芳斉1-15-15　石川県職業能力開発プラザ３階	076-262-9020
福井県職業能力開発協会	910-0003	福井市松本3-16-10　福井県職員会館ビル４階	0776-27-6360
山梨県職業能力開発協会	400-0055	甲府市大津町2130-2	055-243-4916
長野県職業能力開発協会	380-0836	長野市大字南長野南県町688-2　長野県婦人会館３階	026-234-9050
岐阜県職業能力開発協会	509-0109	各務原市テクノプラザ1-18　岐阜県人材開発支援センター内	058-260-8686
静岡県職業能力開発協会	424-0881	静岡市清水区楠160	054-345-9377
愛知県職業能力開発協会	451-0035	名古屋市西区浅間2-3-14　愛知県職業訓練会館内	052-524-2034
三重県職業能力開発協会	514-0004	津市栄町1-954　三重県栄町庁舎４階	059-228-2732
滋賀県職業能力開発協会	520-0865	大津市南郷5-2-14	077-533-0850
京都府職業能力開発協会	612-8416	京都市伏見区竹田流池町121-3　京都府立京都高等技術専門校２階	075-642-5075
大阪府職業能力開発協会	550-0011	大阪市西区阿波座2-1-1　大阪本町西第一ビルディング６階	06-6534-7510
兵庫県職業能力開発協会	650-0011	神戸市中央区下山手通6-3-30　兵庫勤労福祉センター１階	078-371-2091
奈良県職業能力開発協会	630-8213	奈良市登大路町38-1　奈良県中小企業会館２階	0742-24-4127
和歌山県職業能力開発協会	640-8272	和歌山市砂山南3-3-38　和歌山技能センター内	073-425-4555
鳥取県職業能力開発協会	680-0845	鳥取市富安2-159　久本ビル５階	0857-22-3494
島根県職業能力開発協会	690-0048	松江市西嫁島1-4-5　SPビル２階	0852-23-1755
岡山県職業能力開発協会	700-0824	岡山市北区内山下2-3-10　アマノビル３階	086-225-1547
広島県職業能力開発協会	730-0052	広島市中区千田町3-7-47　広島県情報プラザ５階	082-245-4020
山口県職業能力開発協会	753-0051	山口市旭通り2-9-19　山口建設ビル３階	083-922-8646
徳島県職業能力開発協会	770-8006	徳島市新浜町1-1-7	088-663-2316
香川県職業能力開発協会	761-8031	高松市郷東町587-1　地域職業訓練センター内	087-882-2854
愛媛県職業能力開発協会	791-8057	松山市大可賀2-1-28　アイテムえひめ内	089-993-7301
高知県職業能力開発協会	781-5101	高知市布師田3992-4	088-846-2300
福岡県職業能力開発協会	813-0044	福岡市東区千早5-3-1　福岡人材開発センター２階	092-671-1238
佐賀県職業能力開発協会	840-0814	佐賀市成章町1-15	0952-24-6408
長崎県職業能力開発協会	851-2127	西彼杵郡長与町高田郷547-21	095-894-9971
熊本県職業能力開発協会	861-2202	上益城郡益城町田原2081-10　電子応用機械技術研究所内	096-285-5818
大分県職業能力開発協会	870-1141	大分市大字下宗方字古川1035-1　大分職業訓練センター内	097-542-3651
宮崎県職業能力開発協会	889-2155	宮崎市学園木花台西2-4-3	0985-58-1570
鹿児島県職業能力開発協会	892-0836	鹿児島市錦江町9-14	099-226-3240
沖縄県職業能力開発協会	900-0036	那覇市西3-14-1	098-862-4278
中央職業能力開発協会	160-8327	新宿区西新宿7-5-25　西新宿プライムスクエア11階	03-6758-2859

油圧装置調整

実技試験問題

令和４年度 技能検定
２級 油圧装置調整（油圧装置調整作業）
実技試験（製作等作業試験）問題

次の注意事項及び仕様に従って、次頁の図(試験用心出し装置)のように、回転軸を持つブラケット 2 をベース上に取付け、心出し作業を行いなさい。

1 試験時間

標準時間　　1 時間

打切り時間　1 時間 20 分

2 注意事項

(1) 支給された材料の寸法、数量等が「4　支給材料」のとおりであることを確認すること。

(2) 支給された材料に異常がある場合は、技能検定委員に申し出ること。

(3) 試験開始後は、原則として支給材料の再支給はされない。

(4) 使用工具等は、「使用工具等一覧表」で指定したもの以外は使用しないこと。

(5) 試験中は、工具等の貸し借りは禁止する。

(6) 持参工具の予備を使用する場合は、技能検定委員の確認を受けること。

(7) 作業時の服装等は、安全性、かつ作業に適したもの(作業帽、安全靴着用)であること。

なお、作業時の服装等が著しく不適切であり、受検者の安全管理上、重大なけが・事故につながる等試験を受けさせることが適切でないと技能検定委員が判断した場合、試験を中止（失格）とする場合がある。

また、安全靴を着用しない場合は受検できない。

なお、安全作業を考慮し、シム切断時は保護メガネ(一般的なメガネも可)及び作業用手袋（軍手など一般的に機械部品の組立てに使用するもの）を着用すること。

(8) 標準時間を超えて作業を行った場合は、超過時間に応じて減点される。ただし、試験時間の計測は、「試験開始」の合図から、作業が終了した時点までとするので、その時点で技能検定委員に作業終了の意志表示をすること。

(9) 試験中は、携帯電話、スマートフォン、ウェアラブル端末等の使用(電卓機能の使用を含む)を禁止とする。

(10)　この問題には、事前に書込みをしないこと。また、試験中には、他の用紙にメモをしたものや参考書等を参照することは禁止とする。

(11)　次の事項に該当した場合は、不合格又は失格となる。ただし、下記以外も不合格又は失格となる場合がある。

イ　作業が打切り時間以内に完了しないもの。

ロ　ブラケット1のボルトを緩めたもの。

3　仕様

(1)　ブラケット1は、調整済みのため、ボルトを緩めないこと。

(2)　心出し精度は、ダイヤルゲージの読みが、軸先端から5mmの位置で0.1mm(偏心0.05mm)及び軸先端から35mmの位置で0.25mm(偏心0.125mm)以内の振れに調整すること。

(3)　マグネットスタンドは、ブラケット1側の軸に取り付けて測定すること。

(4)　ボルトの締付けトルクは、40N・m以上とする。

(5)　調整に使用するシムは、最少枚数で行い、ブラケットからのシムのはみ出しがないこと。

(6)　シムは、図のようなコの字状に切断して使用すること。ただし、切欠き部の大きさは、図のようにねじ穴より大きくすること。

(7)　シムのかえり取りは、試験用心出し装置の上で行わないこと。

(8)　平座金を必ず使用すること。

試験用心出し装置

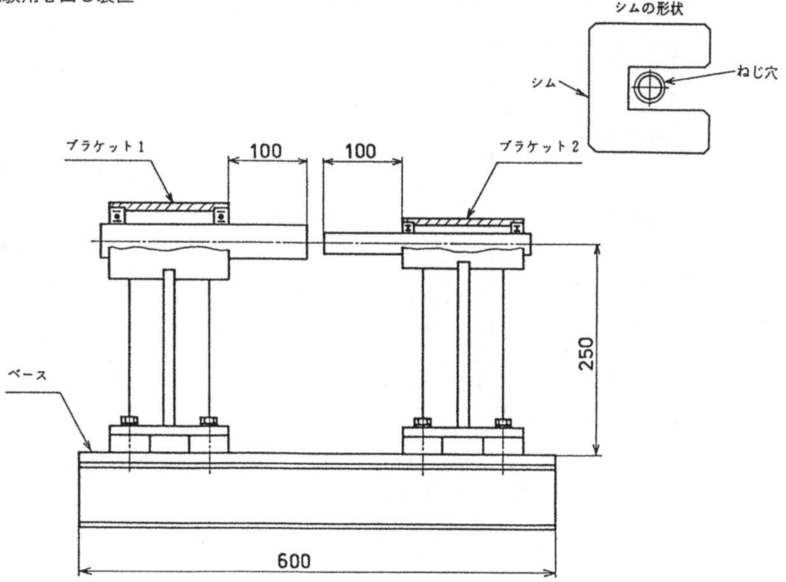

4　支給材料

試験用材料として下記のものが支給される。

品名	寸法又は規格	数量	備考
シム	幅約 60mm×長さ約 300mm 厚さ 0.05mm、0.1mm、0.2mm、0.3mm	各 1 枚	材質は、鉄、銅又は真ちゅうのもの

2級 油圧装置調整（油圧装置調整作業）実技試験使用工具等一覧表

1　受検者が持参するもの

品名		寸法又は規格	数量	備考
測定具等	ダイヤルゲージ	目量 0.01mm	1	マグネットスタンド付き
	スケール	150mm	1	
	すきまゲージ		1 組	
工具等	スパナ	M10 用(二面幅 17mm)	1	めがねレンチ又はモンキレンチでもよい
	金切りはさみ		1	シム切断用
	はさみ		1	
	プラスチックハンマ	450g(1 ポンド)程度	1	
	油といし		1	
	ウエス		若干	
	筆記用具		一式	
服装	作業服等		一式	帽子、保護メガネ(一般的なメガネも可)及び作業用手袋（軍手など一般的に機械部品の組立てに使用するもの）を含む
	安全靴	JIS T8101 若しくは JSAA 認定品又はその相当品も可	一式	

注 1)　受検者が持参するものは、上表に掲げるものに限るが、同一種類のものを予備として持参することは差し支えない。

注 2)　安全の観点により、労働安全衛生規則第 558 条に準拠する。よって、受検条件として受検者は各自、安全靴を持参し、実技試験中は着用とする。

2　試験場に準備してあるもの

(数量欄の数字は、受検者 1 人当たりの数量を示す。)

品名	寸法又は規格	数量	備考
試験用心出し装置	P.2 に示すもの*	一式	
台	適宜	1	シムかえり取り用

＊本書では P.13

実技試験(計画立案等作業試験)問題について

1　試験実施日

令和 5 年 1 月 29 日(日)全国一斉に実施する。

2　試験時間

2 時間

3　問題の概要

油圧回路図の読図及び作成、油圧装置の運転調整及び故障発見並びに油圧機器の機能等について行う。

4　持参用具等

品名	寸法又は規格	数量	備考
筆記用具		一式	
電子式卓上計算機	電池式(太陽電池式含む)	1	関数電卓可(ただし、プログラム機能付きのものは不可)

注) 受検者が持参するものについては、上表に掲げるものに限る。

令和４年度 技能検定
２級 油圧装置調整(油圧装置調整作業)
実技試験(計画立案等作業試験)問題

1　試験時間

２時間

2　注意事項

(１) 係員の指示があるまで、この表紙はあけないでください。
(２) 解答用紙に、受検番号及び氏名を必ず記入してください。
(３) 係員の指示に従って、この試験問題が表紙を含めて 11 ページであることを確認してください。
それらに異常がある場合は、黙って手を挙げてください。
(４) 試験開始の合図で始めてください。
(５) 解答は、解答用紙の解答欄に記入してください。
なお、要求している解答以外は記入しないでください。
(６) 試験中は、携帯電話、スマートフォン、ウェアラブル端末等の使用(電卓機能の使用を含む)を禁止とします。
(７) 試験中、質問があるときは、黙って手を挙げてください。ただし、試験問題の内容、漢字の読み方等に関する質問にはお答えできません。
(８) 試験終了時刻前に解答ができあがった場合は、黙って手を挙げて、係員の指示に従ってください。
(９) 試験中に手洗いに立ちたいときは、黙って手を挙げて、係員の指示に従ってください。
(10) 試験終了の合図があったら、筆記用具を置き、係員の指示に従ってください。
(11) 試験終了後、解答用紙を提出してください。
(12) 計算等は、問題用紙の余白又は裏面を使用して行ってください。

3　試験に使用できる用具等一覧

品　　名	寸法又は規格	数　量	備　　考
筆記用具		一式	
電子式卓上計算機	電池式(太陽電池式含む)	1	関数電卓可(ただし、プログラム機能付きのものは不可)

問題 1

下図は、プレス機械用油圧ユニットの回路図である。この回路図に関する次ページの文中の（ ① ）～（ ⑮ ）に当てはまる適切なものを、回路図中の記号A～Hから一つずつ選び、解答欄に記号で答えなさい。ただし、同じ記号を重複して使用してもよい。

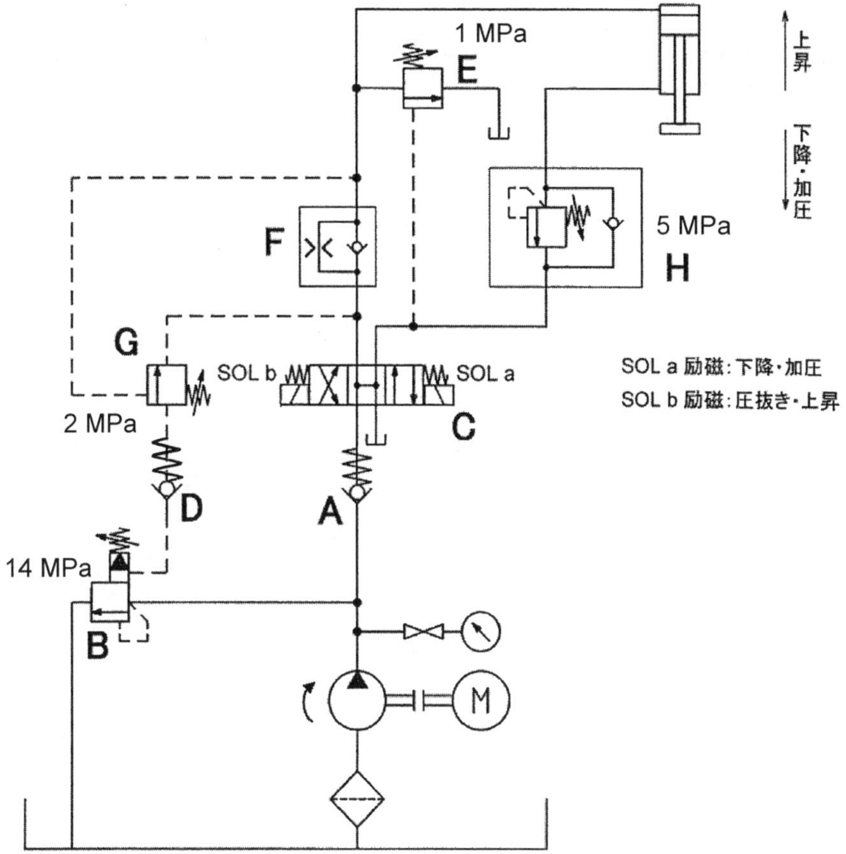

ソレノイドａを励磁し加圧状態に入ると、加圧力はバルブ(　①　)の設定圧力で決まる。

加圧が完了した後、ソレノイドｂを励磁すると圧抜き動作が始まる。

シリンダの圧力油はバルブ(　②　)からバルブ(　③　)を通り、徐々に減圧される。

この時、バルブ(　④　)のベントラインはバルブ(　⑤　)からバルブ(　⑥　)を通り、そしてバルブ(　⑦　)を通って油タンクに開放されているので、油圧ポンプはバルブ(　⑧　)でアンロードしている。バルブ(　⑨　)の設定圧力は、バルブ(　⑩　)のアンロード圧力よりも高いので、シリンダは上昇しない。

シリンダの圧力油がバルブ(　⑪　)の設定圧力まで減圧すると、ベントラインは閉じ、バルブ(　⑫　)はオンロードとなる。

圧抜き時間はバルブ(　⑬　)のオリフィスの大きさによって決定される。

油圧ポンプの吐き出し圧力がバルブ(　⑭　)の設定圧力以上になると、バルブ(　⑮　)が開放され、シリンダは上昇動作を始める。

問題 2

下図は、ブローチ盤の油圧回路図である。この油圧回路図について、次ページの(A)～(J)に当てはまる語句や図記号として最も適切なものを、[語群]又は油圧回路図中の番号①～⑯から一つずつ選び、解答欄に記号又は番号で答えなさい。ただし、同じ記号、同じ番号を重複して使用してはならない。

なお、[ブローチシリンダの条件]は次のとおりとする。

[ブローチシリンダの条件]

加工に必要な力　：　150 kN

加工速度　：　10～15 m／min

上昇速度　：　30 m／min

シリンダのキャップ側面積（ⓐ側）　：　200 cm^2

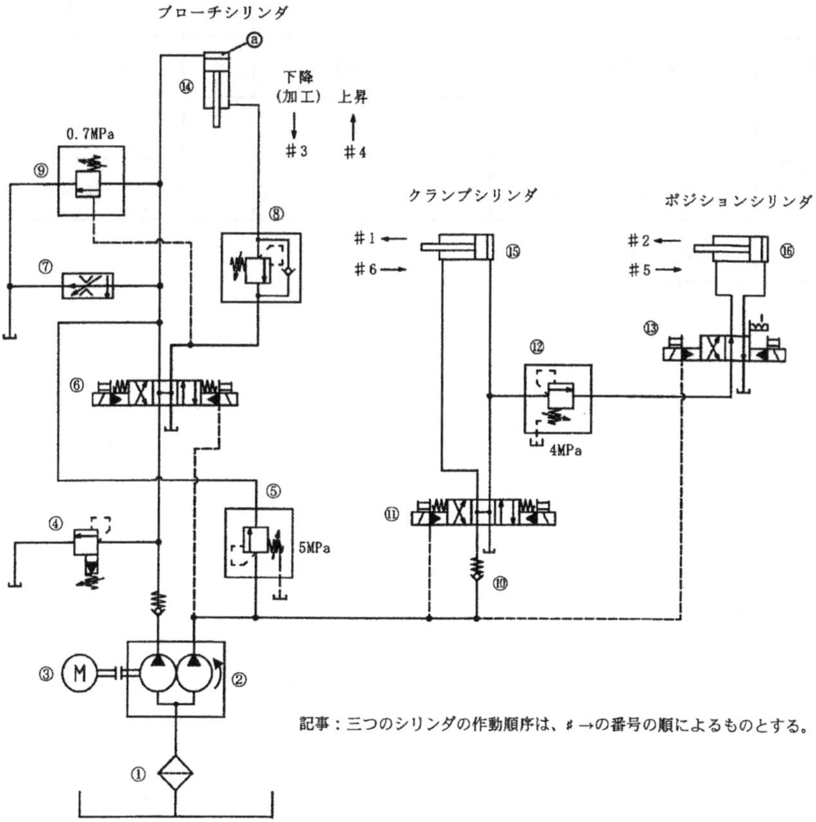

記事：三つのシリンダの作動順序は、♯→の番号の順によるものとする。

・ 加工に必要な圧力は、約(　A　)である。

・ 加工速度　15 m／min に対する所要流量は、約(　B　)である。

・ バルブ⑩の働きは、バルブ(　C　)、バルブ(　D　)及びバルブ(　E　)の(　F　)を保持する。

・ バルブ⑧の働きは、(　G　)である。

・ バルブ⑫の働きは、(　H　)である。

・ バルブ⑤は、ブローチシリンダが下降中であっても、クランプシリンダの(　I　)を保持する。

・ バルブ(　J　)は、ブローチシリンダのⓐ側から排出される大量の油をタンクへ戻す補助をする。

[語群]

記号	語句	記号	語句	記号	語句
ア	メータアウト回路	イ	流量制御	ウ	最低パイロット圧力
エ	最低下降圧力	オ	最低クランプ圧力	カ	ドレン圧力
キ	メータイン回路	ク	シーケンス動作	ケ	ブリードオフ回路
コ	自重落下防止	サ	アンロード圧力	シ	7.5 MPa
ス	15 MPa	セ	3 L／min	ソ	30 L／min
タ	300 L／min				

問題 3

下記の油圧回路図のⒶ～Ⓔに当てはまる図記号として適切なものを、次のページの[図記号群]から一つずつ選び、解答欄に記号で答えなさい。ただし、同じ記号を重複して使用してはならない。

なお、速度制御を行い、下降時はメータイン制御、上昇時はメータアウト制御とすることとし、効率、損失等は計算において無視すること。ただし、条件は次のとおりとする。

【条件】

シリンダサイズ	φ150×φ84×400st (mm)
下降速度	50mm／s
上昇速度	90mm／s
荷重	100kN

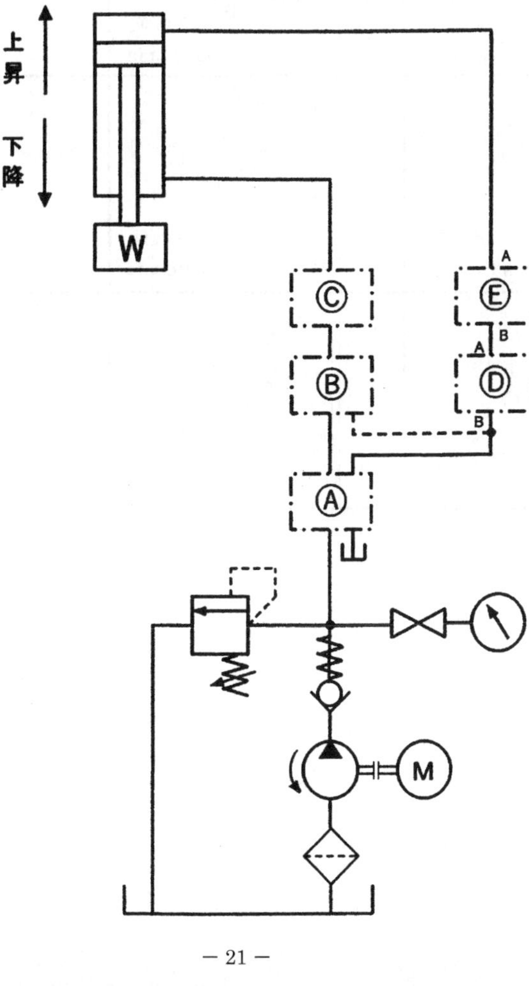

[図記号群]

記号	図記号	記号	図記号	記号	図記号
ア	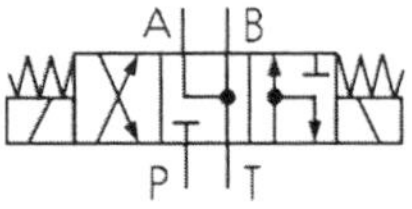	イ	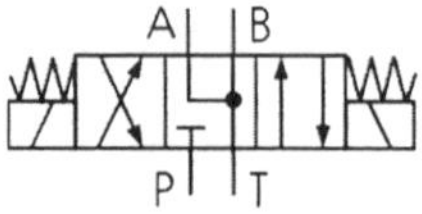	ウ	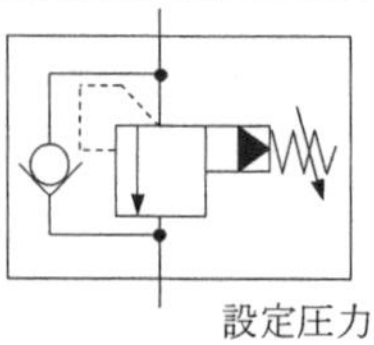 設定圧力 9.3MPa
エ	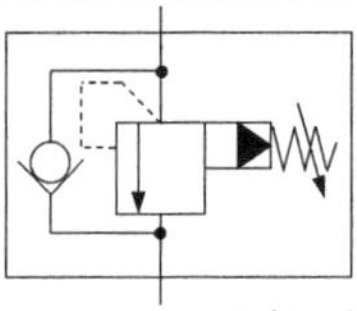 設定圧力 5.6MPa	オ	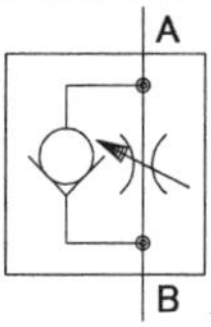 設定流量 95.4L/min	カ	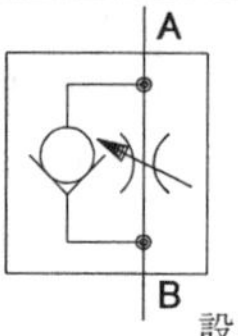 設定流量 53.0L/min
キ	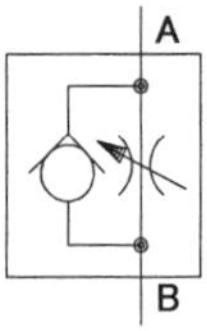 設定流量 95.4L/min	ク	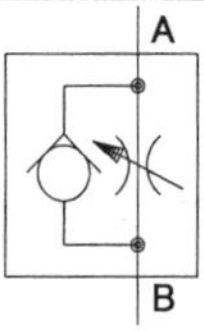 設定流量 53.0L/min	ケ	
コ	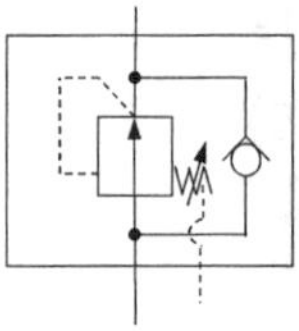 設定圧力 9.3MPa	サ	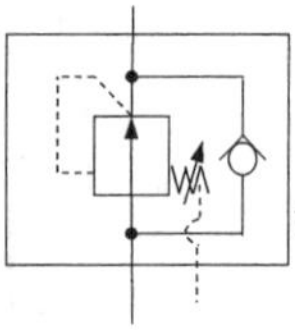 設定圧力 5.6MPa	シ	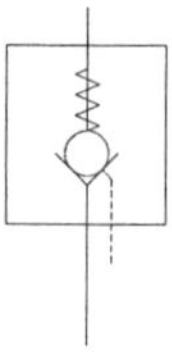

問題 4

下図に示す油圧ポンプの断面図について、次の各設問に答えなさい。

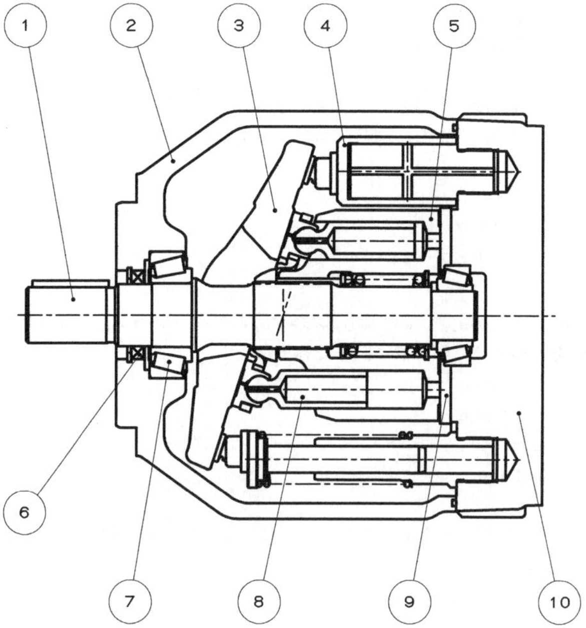

【設問 1】　次の文中の(　A　)～(　D　)に当てはまる適切な語句を[語群]の中から一つずつ選び、解答欄に記号で答えなさい。ただし、同じ記号を重複して使用してはならない。

この油圧ポンプは、(　A　)と共に回転するピストンの頭部が軸に傾斜して置かれた(　B　)の上をしゅう動することにより、シリンダボアに対してピストンが相対的に(　C　)をするものである。この油圧ポンプのピストン本数は、静的脈動率から一般的に(　D　)である。

[語群]

記号	語句	記号	語句	記号	語句
ア	ポートブロック	イ	シリンダブロック	ウ	往復運動
エ	偶数	オ	奇数	カ	回転運動
キ	ハウジング	ク	スワッシュプレート	ケ	バルブプレート

【設問 2】　この油圧ポンプの分類として正しいものを一つ選び、解答欄に記号で答えなさい。

ア　斜軸式可変容量形ピストンポンプ

イ　斜板式可変容量形ピストンポンプ

ウ　斜軸式定容量形ピストンポンプ

エ　斜板式定容量形ピストンポンプ

【設問 3】　次の部品名称に該当するものを図中の部品番号①～⑩の中から一つずつ選び、解答欄に番号で答えなさい。ただし、同じ部品番号を重複して使用してはならない。

ア　バルブプレート

イ　スワッシュプレート

ウ　ポートブロック

エ　コントロールピストン

【設問 4】　「部品番号⑤の部品」と「部品番号⑧の部品」とのクリアランス(直径)として、次のうち適切なものを一つ選び、解答欄に記号で答えなさい。

ア　0.1～0.4 mm

イ　0.01～0.04mm

ウ　1～4 μm

エ　0.1～0.4 μm

【設問 5】　部品番号⑧の材料として適切なものを一つ選び、解答欄に記号で答えなさい。

ア　銅合金

イ　ダクタイル鋳鉄

ウ　窒化鋼

エ　アルミニウム

問題 5

下図は、シリンダが前進中にリミットスイッチに接触し、後退動作に切り換わり、後退動作中に機器Ⓒが切り換わると、シリンダは自動的に停止する油圧回路を示す。この油圧回路について、次の各設問に答えなさい。ただし、機器Ⓑの最低設定圧力は 0.5MPa、機器Ⓓの最低パイロット圧力は 0.8MPa とする。

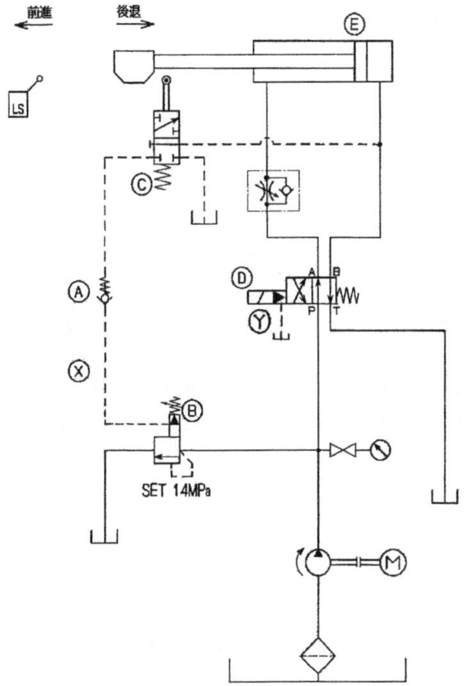

【設問 1】　次の文中の(　　)に当てはまる適切なものを[語群]の中から一つずつ選び、解答欄に記号で答えなさい。ただし、同じ記号を重複して使用してはならない。

油圧機器の名称は、それぞれ機器Ⓐが(　①　)、機器Ⓑが(　②　)、機器Ⓒが(　③　)、機器Ⓓが(　④　)、機器Ⓔが(　⑤　)である。

【語群】

記号	語句	記号	語句	記号	語句
ア	パイロット作動形リリーフ弁	イ	アンロード弁	ウ	アンロードリリーフ弁
エ	シャトル弁	オ	チェック弁	カ	電磁パイロット形切換弁
キ	パイロット切換弁	ク	直動電磁切換弁	ケ	カム操作弁
コ	複動形シリンダ	サ	単動形シリンダ	シ	主管路
ス	パイロット管路	セ	ベント管路	ソ	ドレン管路

【設問 2】　シリンダが後退動作中で自動的に停止せず、後退限で止まるようになった。その不具合原因を点検する内容として、誤っているものを一つ選び、解答欄に記号で答えなさい。

ア　機器Ⓑベントの回路の詰まりを点検する。

イ　機器Ⓒのスプール切換動作を点検する。

ウ　機器Ⓒの接続配管の緩みを点検する。

エ　機器Ⓐのポペットの噛み込みを点検する。

【設問 3】　油圧装置の修理で機器Ⓐを交換することになった。交換する場合の機器Ⓐとして、最も適切なものを一つ選び、解答欄に記号で答えなさい。

ア　クラッキング圧力は、0.05MPa のもの。

イ　クラッキング圧力は、0.5MPa のもの。

ウ　管路抵抗を小さくするため、スプリングを取り外す。

エ　管路抵抗を小さくするため、ポペットとスプリングを取り外す。

【設問 4】　油圧装置の修理後、自動停止中のポンプ運転圧力が以前より高くなり、タンク油温が上昇している。タンク油温が上昇する理由として、正しいものを一つ選び、解答欄に記号で答えなさい。

ア　機器Ⓑの設定圧力が 13MPa であった。

イ　機器Ⓑの設定圧力が 15MPa であった。

ウ　交換した機器Ⓐのクラッキング圧力が 1MPa であった。

エ　交換した機器Ⓐのスプリングを入れ忘れてしまった。

令和３年度 技能検定
２級 油圧装置調整（油圧装置調整作業）
実技試験（計画立案等作業試験）問題

1　試験時間

2時間

2　注意事項

（1）　係員の指示があるまで、この表紙はあけないでください。
（2）　解答用紙に、受検番号及び氏名を必ず記入してください。
（3）　係員の指示に従って、この試験問題が表紙を含めて 10 ページであることを確認してください。それらに異常がある場合は、黙って手を挙げてください。
（4）　試験開始の合図で始めてください。
（5）　解答は、解答用紙の解答欄に記入してください。
　　なお、要求している解答以外は記入しないでください。
（6）　試験中は、携帯電話、スマートフォン、ウェアラブル端末等の使用(電卓機能の使用を含む)を禁止とします。
（7）　試験中、質問があるときは、黙って手を挙げてください。ただし、試験問題の内容、漢字の読み方等に関する質問にはお答えできません。
（8）　試験終了時刻前に解答ができあがった場合は、黙って手を挙げて、係員の指示に従ってください。
（9）　試験中に手洗いに立ちたいときは、黙って手を挙げて、係員の指示に従ってください。
（10）　試験終了の合図があったら、筆記用具を置き、係員の指示に従ってください。
（11）　試験終了後、解答用紙を提出してください。
（12）　計算等は、問題用紙の余白又は裏面を使用して行ってください。

3　試験に使用できる用具等一覧

品　　名	寸法又は規格	数　量	備　　考
筆記用具		一式	
電子式卓上計算機	電池式(太陽電池式含む)	1	関数電卓可(ただし、プログラム機能付きのものは不可)

問題 1

下図に示す油圧回路図について、次の[条件]に従って各設問に答えなさい。

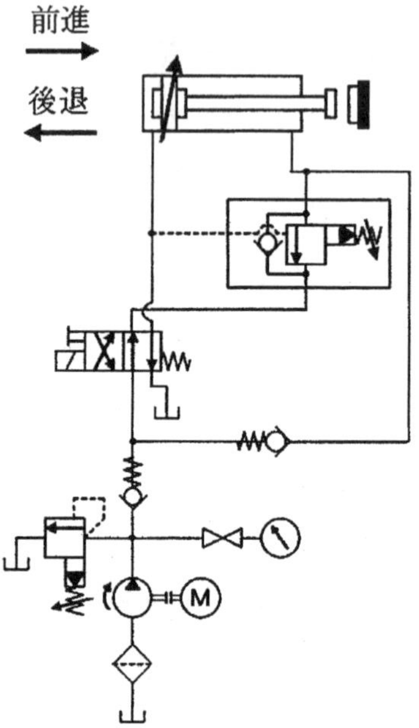

[条件]

1　シリンダ受圧面積
　キャップ側：12000 mm^2
　ロッド側：8000 mm^2

2　シリンダ負荷：60 kN

3　ポンプ吐出し量：30 L／min

4　配管・機器の圧力損失、圧力制御弁のオーバライド圧力は無視する

【設問 1】

次の文中の(　①　)～(　⑤　)内に当てはまる適切な語句を[語群]から一つずつ選び、解答欄に記号で答えなさい。ただし、同じ記号を重複して使用してもよい。

この回路の前進速度制御回路は、(　①　)回路であり、前進のシリンダ速度 V と出力 F の関係は

$$V = \frac{(\ \text{②}\ )}{(\ \text{③}\ )}\quad、\qquad F = (\ \text{④}\ ) \times (\ \text{⑤}\ )\quad となる。$$

[語群]

記号	語句	記号	語句	記号	語句
ア	供給圧力	イ	トルク	ウ	ロッド断面積
エ	キャップ断面積	オ	差動	カ	アンロード
キ	シーケンス	ク	ポンプ吐出し量	ケ	HI－LO

【設問 2】

次の文中の(　⑥　)～(　⑨　)内に当てはまる適切な数値を[数値群]から一つずつ選び、解答欄に記号で答えなさい。ただし、同じ記号を重複して使用してはならない。

前進時のシリンダ速度は、(　⑥　)mm／s である。

後退時のシリンダ速度は、(　⑦　)mm／s である。

前進時のポンプ吐出し圧力は、(　⑧　)MPa である。

後退時のポンプ吐出し圧力は、(　⑨　)MPa である。

[数値群]

記号	数値	記号	数値	記号	数値	記号	数値
ア	3.75	イ	6.25	ウ	7.5	エ	12.5
オ	15	カ	41.7	キ	62.5	ク	125

問題 2

下図は、小形パワーショベルの油圧回路図である。この油圧回路図に関する記述として適切なものを次ページの[語群]から 5 つ選び、解答欄に記号で答えなさい。ただし、同じ記号を重複して使用してはならない。

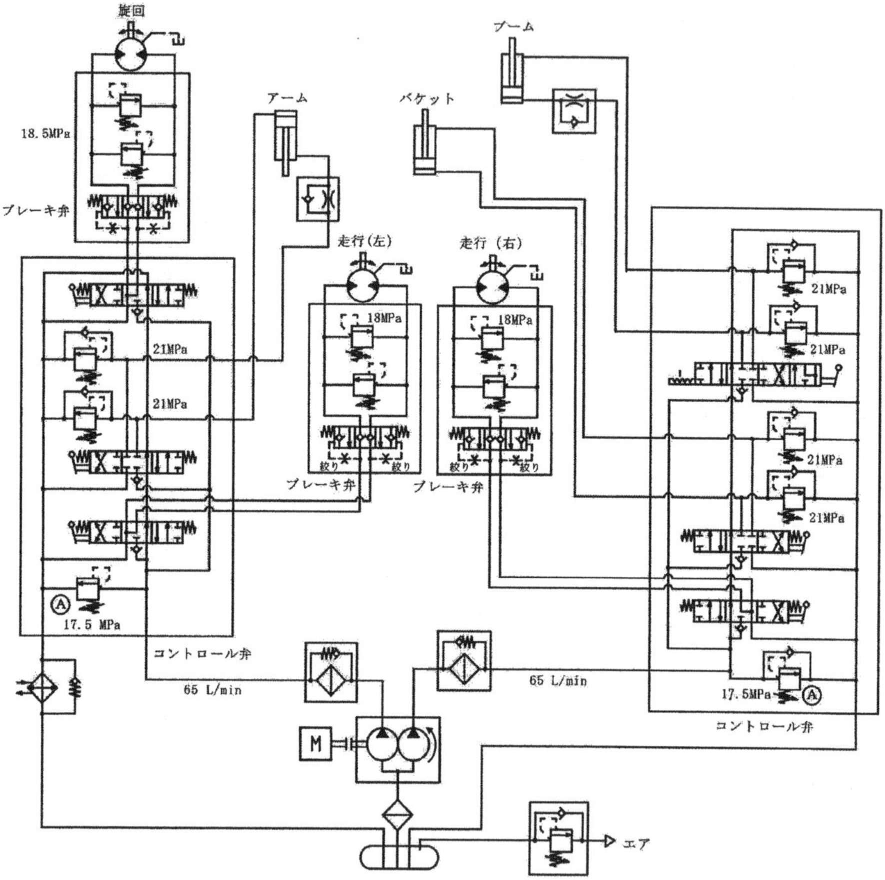

[語群]

記号	語句
ア	油タンクは加圧タンクを使用しているが、これは外部からの塵埃や水分が油タンクに直接入るのを防ぐためである。
イ	油圧ポンプは、電動機によって駆動されている。
ウ	油圧回路図に示すように、油圧ポンプの吐出ラインに設けているフィルタには、耐圧の高いフィルタエレメントを使用しなければならない。
エ	旋回モータ、アームシリンダ及び走行(左)モータ用の全てのコントロール弁が中央位置の場合、アンロード回路を構成している。
オ	コントロール弁は、二つともパラレル回路である。
カ	走行モータのブレーキ弁には、いずれの回転方向に対してもキャビテーションを防止する機能を備えていない。
キ	ブレーキ弁は、この絞りを小さくするほど、ブレーキ機能を開始するタイミングが早くなる。
ク	それぞれのコントロール弁は、スプールの開度調整をすることによって、アクチュエータの速度制御ができる。
ケ	旋回モータとアームシリンダは、同じ油圧ポンプで駆動されるため、同時に動作させることができない。
コ	Ⓐのリリーフ弁は、各シリンダがストロークエンドのとき又は障害物に当たって動かないほどの反力を受けたとき、回路内の圧力を逃がして油圧機器を保護する。

問題 3

下図の油圧回路及び下記の条件を基に、メータイン回路、メータアウト回路及びブリードオフ回路の特徴を満たすように、次ページの[表]中の(　①　)～(　⑫　)に当てはまる最も適切なものについて(　③　)、(　⑦　)及び、(　⑫　)は次のページの[図記号群]から、それ以外は次のページの[数値群]からそれぞれ一つずつ選び、解答欄に記号で答えなさい。ただし、同じ記号を重複して使用してもよい。

〔条件〕1　前進時は、流量調整弁による速度制御で、シリンダの負荷圧力は 10 MPa とする。

2　後退時は、ポンプ吐出量の全量で動作させることとする。

3　油圧回路内の圧力損失はゼロとする。

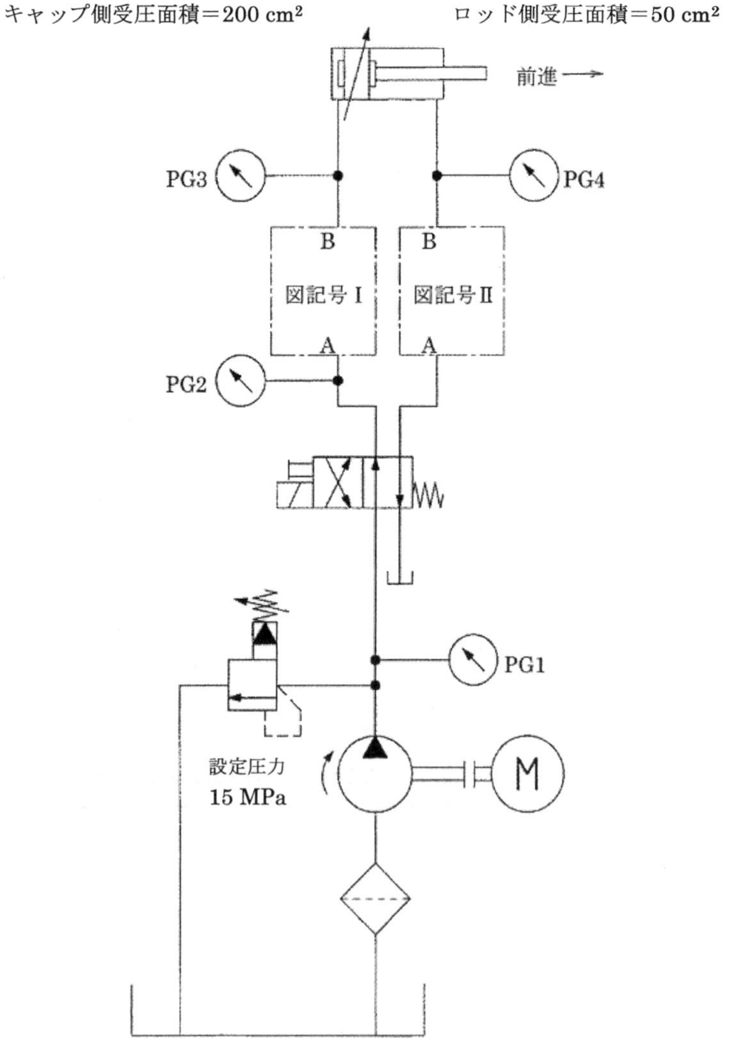

[表]

回路名	圧力計の指示値				図記号	
	PG1	PG2	PG3	PG4	Ⅰ	Ⅱ
メータイン回路	15 MPa	15 MPa	（ ① ）	（ ② ）	（ ③ ）	d
メータアウト回路	15 MPa	（ ④ ）	（ ⑤ ）	（ ⑥ ）	d	（ ⑦ ）
ブリードオフ回路	（ ⑧ ）	（ ⑨ ）	（ ⑩ ）	（ ⑪ ）	（ ⑫ ）	d

[数値群]

記号	数値	記号	数値	記号	数値
ア	0 MPa	イ	5 MPa	ウ	10 MPa
エ	15 MPa	オ	20 MPa	カ	25 MPa

[図記号群]

記号	図記号	記号	図記号
a	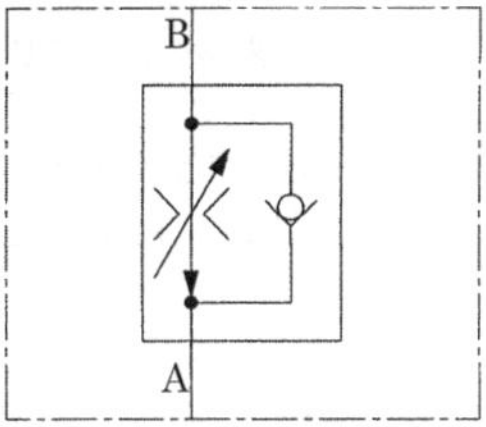	b	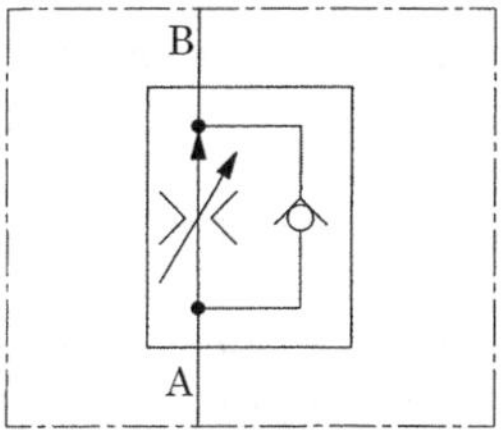
c	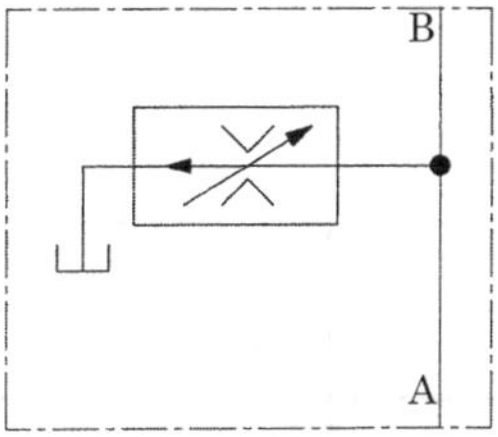	d	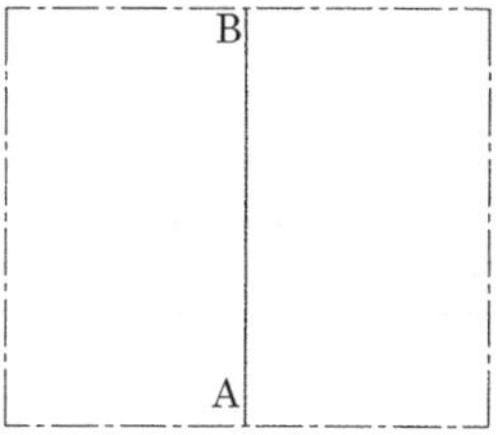

問題 4

下図は、アキシアルピストンポンプの断面図である。この断面図について、次の各設問に答えなさい。

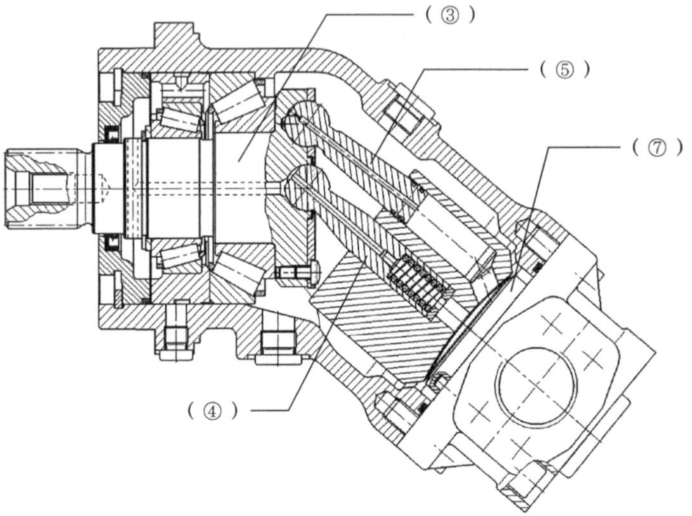

【設問 1】次の文中及び上図の(　　)内に当てはまる適切な語句を[語群]から一つずつ選び、解答欄に記号で答えなさい。ただし、同じ記号を重複して使用してはならない。

アキシアルピストンポンプは約 100 年前に原形が発明されて以来、幾多の改良が加えられ現在のような形になってきた。

上図は(①)式(②)形ピストンポンプで、(③)に対して傾斜したシリンダブロックの(④)が共に回転して、(⑤)がシリンダボアに対して相対的に(⑥)運動して、吸込み吐出しを行う方式である。

シリンダブロックと(⑦)の摺動面は球面タイプになっていて、自動調心性による摺動面の密着性の向上や、ポート部での流速を(⑧)ことで吸込み性を良くしている。なお、このタイプのポンプ寿命は、ピストンにかかる油圧の反力を受ける(⑨)寿命で評価されることが多い。

[語群]

記号	語句	記号	語句	記号	語句
ア	斜板	イ	斜軸	ウ	上げる
エ	下げる	オ	回転	カ	往復
キ	可変容量	ク	定容量	ケ	軸受
コ	サイドプレート	サ	シャフト	シ	シュー
ス	スプール	セ	バルブプレート	ソ	センタロッド
タ	ピストン	チ	コネクティングロッド	ツ	スプリング

【設問 2】ピストンポンプの説明として、誤っているものを一つ選び、解答欄に記号で答えなさい。

ア　ピストンポンプは高圧時の漏れを極めて小さくできるので、主に高圧の用途に用いられる。

イ　ピストンポンプはピストンの配列から、アキシアルピストンポンプ、ラジアルピストンポンプ及びレシプロピストンポンプとに大別される。

ウ　ピストンポンプの構造は、一般に、ギヤポンプの構造よりもシンプルである。

【設問 3】ピストンポンプの脈動の説明として、誤っているものを一つ選び、解答欄に記号で答えなさい。

ア　ピストンポンプの脈動率は、ピストンの本数で決まる。

イ　脈動を低くするためには、ピストン本数は奇数よりも偶数の方がよい。

ウ　実際の脈動は、ピストンの高・低圧切換時のシリンダボア内の油の圧縮性による影響が大きい。

【設問 4】ピストンポンプの騒音低減対策として、誤っているものを一つ選び、解答欄に記号で答えなさい。

ア　バルブプレートに種々のノッチや小穴を加工する。

イ　ハウジングの肉厚を薄くする。

ウ　吸入側の通路を大きくする。

【設問 5】アキシアルピストンポンプの断面図の⑤の部品の材料として、次のうち適切なものを一つ選び、解答欄に記号で答えなさい。

ア　ダクタイル鋳鉄

イ　窒化鋼

ウ　銅合金

問題 5

日本産業規格(JIS)の「機械類の安全性－機械の電気装置－第 1 部：一般要求事項」によると、制御機器及び表示機器には、その機能識別をマーキングしなければならないと規定されているが、それに加えて、アクチュエータには、電源や機械運転の操作を示すマークの表示が推奨されている。

下記の[表]の①～⑦に当てはまる最も適切なマークを、[マーク群]の中から一つずつ選び、解答欄に記号で答えなさい。ただし、同じ記号を重複して使用してはならない。

なお、アクチュエータとは外部の力を受ける機器の部分を言う。

[表]

アクチュエータの操作を示すマーク（電源）			
オン	オフ	オン、オフ （プッシュオン、プッシュオフ）	オン （ホールド・ツゥ・ラン）
①	②	③	④
アクチュエータの操作を示すマーク（機械運転）			
起動	停止	ホールド・ツゥ・ラン	非常停止
⑤	⑥	④	⑦

[マーク群]

記号	ア	イ	ウ	エ
マーク	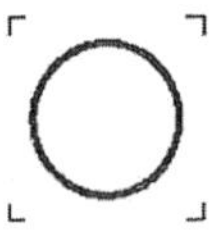		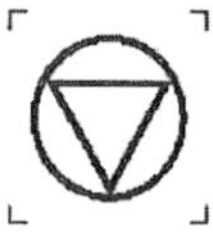	
記号	オ	カ	キ	
マーク				

令和２年度 技能検定
２級 油圧装置調整（油圧装置調整作業）
実技試験（計画立案等作業試験）問題

1 試験時間

2時間

2 注意事項

（1） 係員の指示があるまで、この表紙はあけないでください。
（2） 解答用紙に、受検番号及び氏名を必ず記入してください。
（3） 係員の指示に従って、この試験問題が表紙を含めて 12 ページであることを確認してください。それらに異常がある場合は、黙って手を挙げてください。
（4） 試験開始の合図で始めてください。
（5） 解答は、解答用紙の解答欄に記入してください。
なお、要求している解答以外は記入しないでください。
（6） 試験中は、携帯電話、スマートフォン、ウェアラブル端末等の使用(電卓機能の使用を含む)を禁止とします。
（7） 試験中、質問があるときは、黙って手を挙げてください。ただし、試験問題の内容、漢字の読み方等に関する質問にはお答えできません。
（8） 試験終了時刻前に解答ができあがった場合は、黙って手を挙げて、係員の指示に従ってください。
（9） 試験中に手洗いに立ちたいときは、黙って手を挙げて、係員の指示に従ってください。
(10) 試験終了の合図があったら、筆記用具を置き、係員の指示に従ってください。
(11) 試験終了後、解答用紙を提出してください。
(12) 計算等は、問題用紙の余白又は裏面を使用して行ってください。

3 試験に使用できる用具等一覧

品　　名	寸法又は規格	数　量	備　　考
筆記用具		一式	
電子式卓上計算機	電池式(太陽電池式含む)	1	関数電卓可(ただし、プログラム機能付きのものは不可)

問題 1

下図の成形プレス用の油圧回路図について、次の各設問に答えなさい。

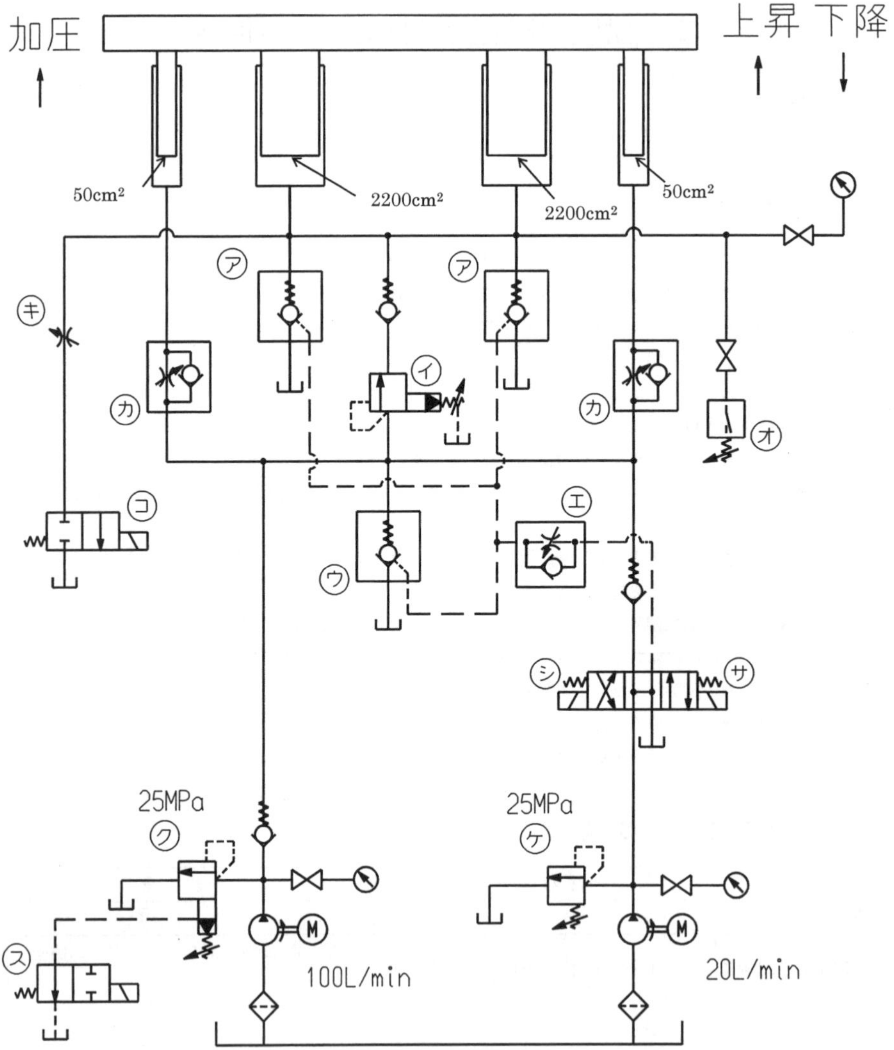

【設問 1】 無負荷時の最大上昇速度(cm／min)及び加圧時の最大速度(cm／min)として最も適切なものを、下記の［数値群］からそれぞれ一つずつ選び、解答欄に記号で答えなさい。ただし、同じ記号を重複して使用してはならない。

［数値群］

記号	数値
ア	2.6
イ	26
ウ	120
エ	240
オ	1200
カ	2400

【設問 2】 次の文中の(　　)内に当てはまる油圧回路の構成機器を、図中の㋐～㋜からそれぞれ一つずつ選び、解答欄に記号で答えなさい。ただし、同じ記号を重複して使用してはならない。

無負荷時の上昇動作から加圧動作への切換えは、バルブ（ ① ）によって行われる。
加圧後、圧抜き動作は、ソレノイド（ ② ）を励磁することによって、バルブ（ ③ ）で行われる。
圧抜き動作を完了した後に、ソレノイド（ ④ ）を励磁することによって、下降動作を行う。
この下降動作ではバルブ（ ⑤ ）及びバルブ（ ⑥ ）にパイロット圧力を作用させることによって、シリンダ内の作動油が油タンクに戻される。

問題2

下図の油圧回路図について、次の各設問に答えなさい。

【条件】

(1)　シリンダ受圧面積：キャップ側・・1200mm^2
　　　　　　　　　　　ロッド側・・・ 800mm^2
(2)　シリンダ負荷抵抗・・・・・・・・ 4000N
(3)　ポンプ吐出し量・・・・・・・・・36 L／min
(4)　ポンプ効率及び配管並びに機器の圧力損失は無視する。
(5)　リリーフ弁の漏れは無いものとする。

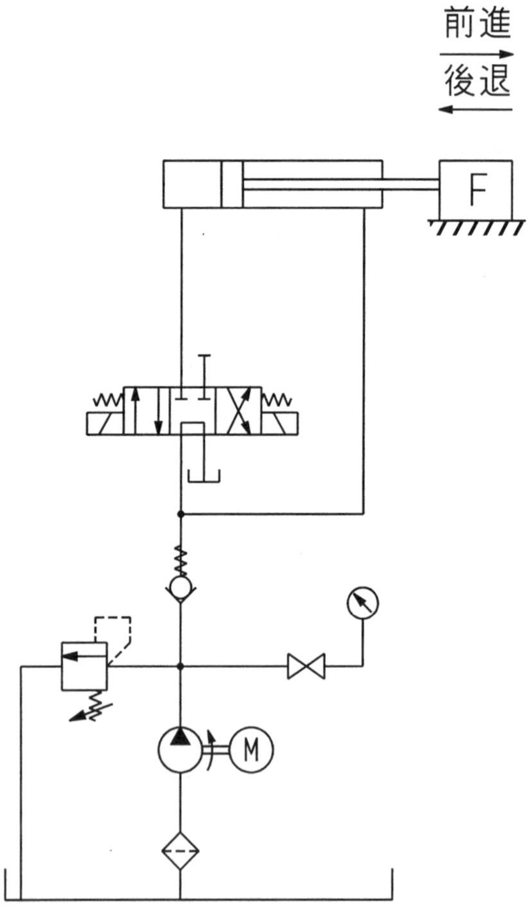

【設問 1】 この油圧回路の前進時の回路名として正しいものを、下記の［語群］から一つ選び、解答欄に記号で答えなさい。

［語群］

記号	回路名
ア	メータイン制御回路
イ	メータアウト制御回路
ウ	ブリードオフ制御回路
エ	差動回路
オ	アンロード回路

【設問 2】 文中の(　　)内に当てはまる数値として正しいものを、下記の［数値群］からそれぞれ一つずつ選び、解答欄に記号で答えなさい。ただし、同じ記号を重複して使用してはならない。

・シリンダ前進時の速度は、(　①　) cm／s である。
・シリンダ後退時の速度は、(　②　) cm／s である。
・シリンダ前進時の圧力は、(　③　) MPa である。
・シリンダ後退時の圧力は、(　④　) MPa である。
・シリンダ前進時のポンプ軸入力は、(　⑤　)kW である。
・シリンダ後進時のポンプ軸入力は、(　⑥　)kW である。

［数値群］

記号	数値	記号	数値
ア	0.75	ク	30
イ	1.5	ケ	50
ウ	3	コ	60
エ	5	サ	75
オ	6	シ	100
カ	7.5	ス	150
キ	10	セ	200

問題3

下記の油圧回路図のⒶ～Ⓔに当てはまる図記号として適切なものを［油圧図記号群］から一つずつ選び、解答欄に記号で答えなさい。ただし、同じ記号を重複して使用してはならない。

なお、速度制御を行ない、下降時はメータイン制御、上昇時はメータアウト制御とすることとし、効率、損失等は計算において無視すること。

【条件】

シリンダサイズ	φ100×φ56×400st (mm)
下降速度	60mm／s
上昇速度	100mm／s
荷重	50kN

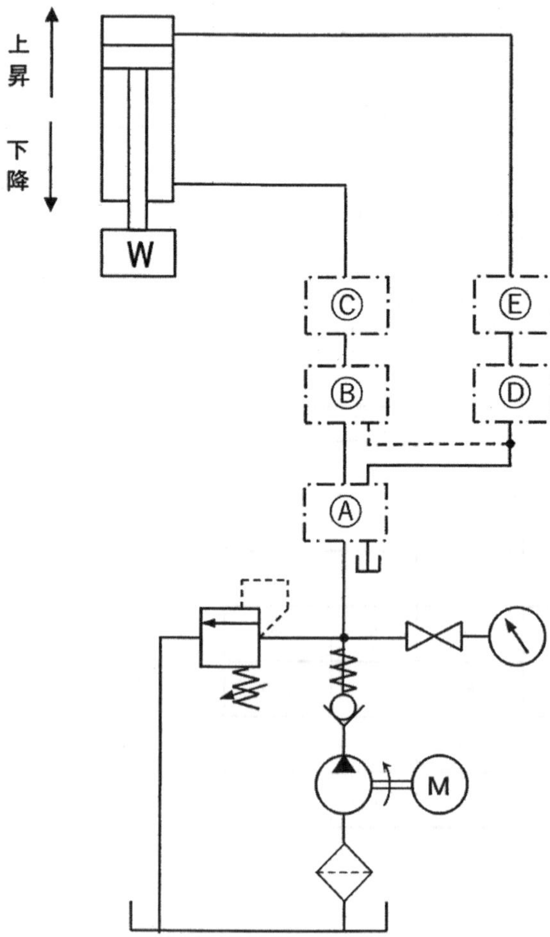

［油圧図記号群］

記号	油圧図記号	記号	油圧図記号	記号	油圧図記号
ア	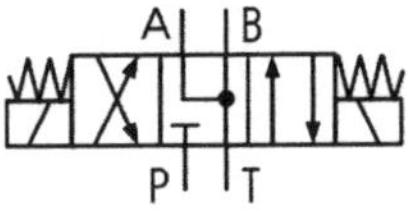	イ	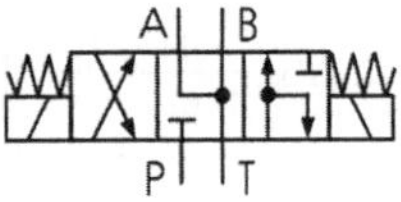	ウ	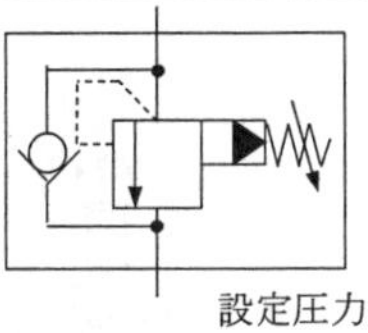 設定圧力 6.4MPa
エ	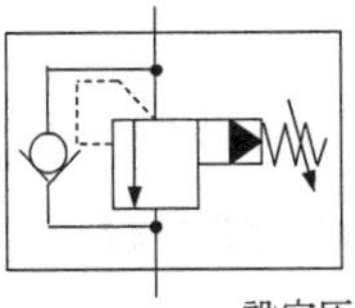 設定圧力 9.3MPa	オ	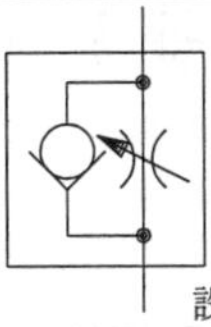 設定流量 47.1L/min	カ	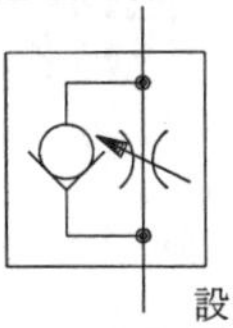 設定流量 28.3L/min
キ	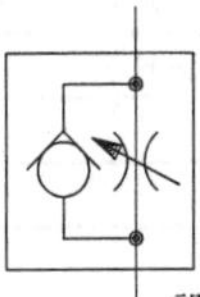 設定流量 47.1L/min	ク	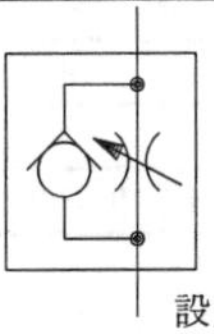 設定流量 28.3L/min	ケ	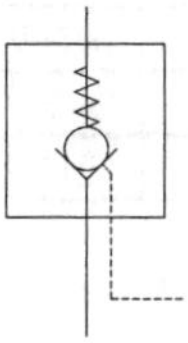
コ	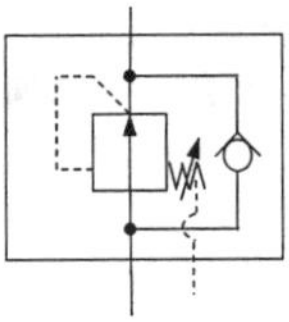 設定圧力 6.4MPa	サ	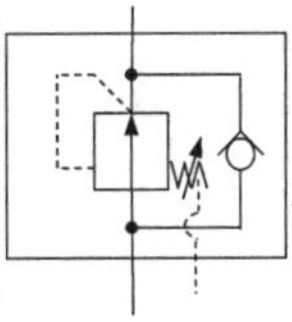 設定圧力 9.3MPa	シ	

問題4

下図に示す油圧シリンダの図について、次の各設問に答えなさい。

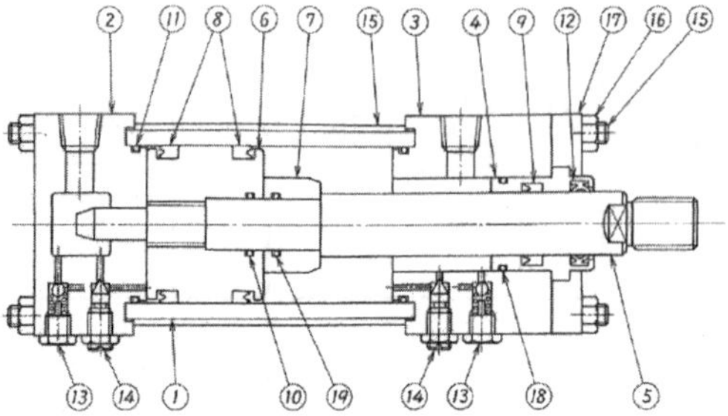

【設問1】　部品名称の組合せとして、正しいものを二つ選び、解答欄に記号で答えなさい。

ア	①シリンダチューブ	②ロッドカバー	③キャップカバー
イ	⑤ピストンロッド	⑧ピストンパッキン	⑱クッションリングガスケット
ウ	①シリンダチューブ	⑦クッションリング	⑫ワイパリング(ロッドワイパ)
エ	③キャップカバー	④ブシュ	⑮タイロッド
オ	⑥ピストン	⑦クッションリング	⑨ロッドパッキン

【設問 2】　クッション効果の調整部品として、適切なものを一つ選び、解答欄に記号で答えなさい。

ア　部品⑬と⑭　　　イ　部品⑬　　　ウ　部品⑭

【設問 3】　部品①の内面の仕上げ面粗さとして、次のうち最も適切なものを一つ選び、解答欄に記号で答えなさい。

ア　*Rz* 0.05　　イ　*Rz* 3.2　　ウ　*Rz* 12.5　　エ　*Rz* 25

【設問 4】　次の文中の(　　)内に当てはまる最も適切な語句を、下記の［語群］から一つずつ選び、解答欄に記号で答えなさい。ただし、同じ記号を重複して使用してはならない。

ピストンロッドに外力として(　①　)力を受ける場合には、(　①　)強さのみを考慮すればよいが、(　②　)力を受ける場合には十分な(　③　)強度が必要である。(　③　)強度が不足し、大きなたわみが生じた場合には、滑り面の変形などにより、ブシュ及びピストンに大きな偏荷重がかかり、焼付き、スティクスリップ、パッキンの異常摩耗などの原因となる。

［語群］

記号	語句	記号	語句	記号	語句	記号	語句	記号	語句
ア	圧縮	イ	引張	ウ	座屈	エ	耐	オ	曲げ

【設問 5】　シリンダに関する記述として正しいものを、下記の［語群］から一つ選び、解答欄に記号で答えなさい。

［語群］

記号	シリンダに関する記述
ア	U パッキンは、ピストンに用いるパッキンで、ピストンリングよりも最低作動圧力は低い。
イ	シリンダのクッション効果を考慮すれば、油の中に空気が混入している方がよい。
ウ	テレスコープ形シリンダは、一般の複動形シリンダと比べ、軸方向の取付スペースを小さくすることができる。

【設問 6】　下図の①～④に対するシリンダ取付形式の名称として適切なものを、下記の［語群］から一つずつ選び、解答欄に記号で答えなさい。ただし、同じ記号を重複して使用してはならない。

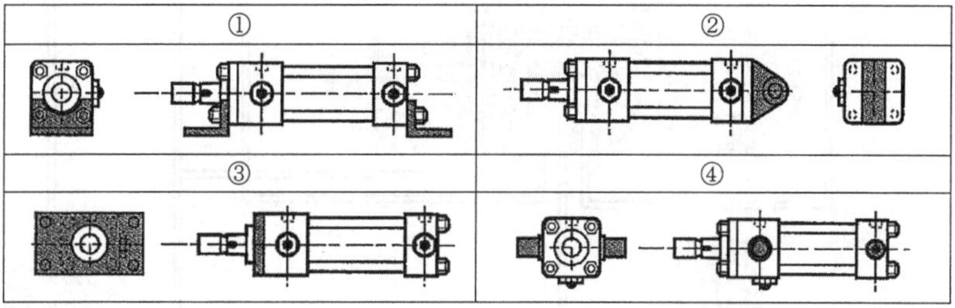

［語群］

記号	名称	記号	名称	記号	名称
ア	軸方向フート取付形式	イ	ロッド側長方形フランジ取付形式	ウ	キャップアイ取付形式
エ	軸直角方向フート取付形式	オ	ロッドカバートラニオン取付形式	カ	キャップクレビス取付形式

問題5

下図の成型機械の油圧回路について、次の設問に答えなさい。

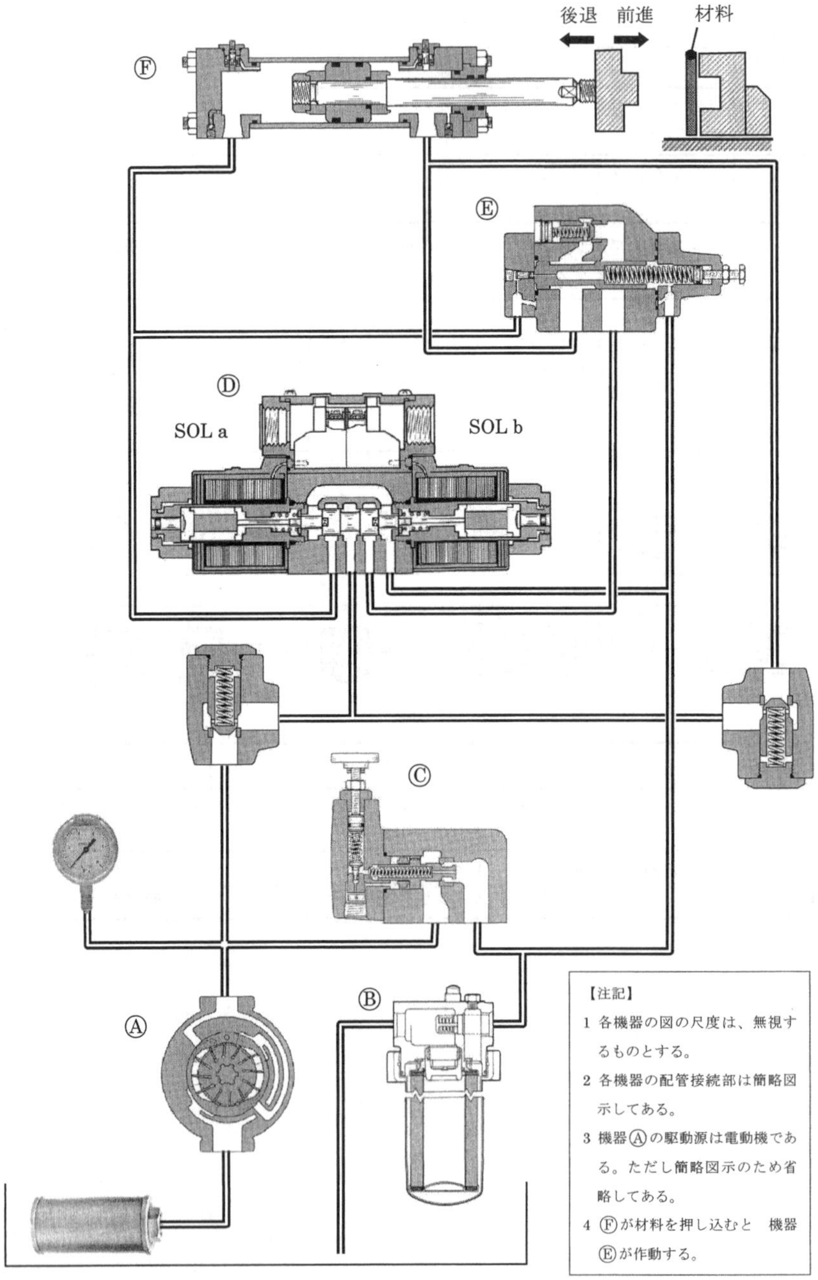

【注記】

1 各機器の図の尺度は、無視するものとする。

2 各機器の配管接続部は簡略図示してある。

3 機器Ⓐの駆動源は電動機である。ただし簡略図示のため省略してある。

4 Ⓕが材料を押し込むと　機器Ⓔが作動する。

【設問 1】　図中の機器符号Ⓐ～Ⓕに当てはまる機器名称を、下記の［語群］から一つずつ選び、解答欄に記号で答えなさい。ただし、同じ記号を重複して使用してはならない。

［語群］

記号	語句	記号	語句	記号	語句
ア	ベーンポンプ	イ	ギヤポンプ	ウ	パイロット作動形リリーフ弁
エ	減圧弁	オ	シーケンス弁	カ	アンロード弁
キ	サクションフィルタ	ク	リターンフィルタ	ケ	直動形電磁弁
コ	パイロット形電磁弁	サ	単動シリンダ	シ	複動シリンダ

【設問 2】　シリンダを前進動作させるためには、機器Ⓓをどのような状態にすればよいか、適切なものを下記の［語群］から一つ選び、解答欄に記号で答えなさい。ただし、ソレノイド(SOL)を励磁させると、機器Ⓓ内のスプールを押す方向に動くものとする。

［語群］

記号	語句	記号	語句	記号	語句
ア	SOL a を励磁	イ	SOL b を励磁	ウ	どちらも励磁しない

【設問 3】　この油圧回路の名称として正しいものを一つ選び、解答欄に記号で答えなさい。

ア　増圧回路
イ　減速回路
ウ　差動回路
エ　無負荷回路

【設問 4】　シリンダ前進時における、機器Ⓔが作動したときの状態として正しいものを一つ選び、解答欄に記号で答えなさい。

ア　シリンダ速度がアップし、推力もアップする。
イ　シリンダ速度がアップし、推力はダウンする。
ウ　シリンダ速度がダウンし、推力はアップする。
エ　シリンダ速度がダウンし、推力もダウンする。

【設問 5】 油圧回路の調整時において、シリンダの高速前進時の所定速度は出たが、材料押し込み時のシリンダ推力は不足した。その場合の各機器の設定圧力の状態を一つ選び、解答欄に記号で答えなさい。ただし、高速前進時のシリンダ負荷圧力を p1、機器Ⓔの設定圧力を p2、機器Ⓒの設定圧力を p3 とする。

ア p3 ＞ p2 ＞ p1
イ p2 ＞ p3 ＞ p1
ウ p3 ＞ p1 ＞ p2
エ p1 ＞ p3 ＞ p2

【設問 6】 油圧回路の故障で、シリンダ無負荷前進時の所定速度が出なかった。その原因として関係のないものを一つ選び、解答欄に記号で答えなさい。

ア 機器Ⓐからキャビテーションの音が発生していた。
イ 機器Ⓑにエレメントが組み込まれていなかった。
ウ 機器Ⓒの圧力調整ネジがゆるんでいた。
エ 機器Ⓔの圧力調整ネジがゆるんでいた。

令和4年度 技能検定
1級 油圧装置調整(油圧装置調整作業)
実技試験(製作等作業試験)問題

次の注意事項及び仕様に従って、次頁の図(試験用心出し装置)のように、回転軸を持つブラケット 1 及びブラケット 2 をベース上に取付け、心出し作業を行いなさい。

1　試験時間

標準時間　1時間

打切り時間　1時間20分

2　注意事項

（1）支給された材料の寸法、数量等が「4　支給材料」のとおりであることを確認すること。

（2）支給された材料に異常がある場合は、技能検定委員に申し出ること。

（3）試験開始後は、原則として支給材料の再支給はされない。

（4）使用工具等は、「使用工具等一覧表」で指定したもの以外は使用しないこと。

（5）試験中は、工具等の貸し借りは禁止する。

（6）持参工具の予備を使用する場合は、技能検定委員の確認を受けること。

（7）作業時の服装等は、安全性、かつ作業に適したもの(作業帽、安全靴着用)であること。

なお、作業時の服装等が著しく不適切であり、受検者の安全管理上、重大なけが・事故につながる等試験を受けさせることが適切でないと技能検定委員が判断した場合、試験を中止（失格）とする場合がある。

また、安全靴を着用しない場合は受検できない。

なお、安全作業を考慮し、シム切断時は保護メガネ(一般的なメガネも可)及び作業用手袋（軍手など一般的に機械部品の組立てに使用するもの）を着用すること。

（8）標準時間を超えて作業を行った場合は、超過時間に応じて減点される。ただし、試験時間の計測は、「試験開始」の合図から、作業が終了した時点までとするので、その時点で技能検定委員に作業終了の意志表示をすること。

（9）試験中は、携帯電話、スマートフォン、ウェアラブル端末等の使用(電卓機能の使用を含む)を禁止とする。

(10)　この問題には、事前に書込みをしないこと。また、試験中には、他の用紙にメモをしたものや参考書等を参照することは禁止とする。

(11)　次の事項に該当した場合は、不合格又は失格となる。ただし、下記以外も不合格又は失格となる場合がある。

イ　作業が打切り時間以内に完了しないもの。

3　仕様

(1)　心出し精度は、ダイヤルゲージの読みが、軸先端から 5mm の位置で 0.1mm(偏心 0.05mm)及び軸先端から 35mm の位置で 0.25mm(偏心 0.125mm)以内の振れに調整すること。

(2)　マグネットスタンドは、ブラケット 1 側の軸に取り付けて測定すること。

(3)　ボルトの締付けトルクは、40N・m 以上とする。

(4)　調整に使用するシムは、最少枚数で行い、ブラケットからのシムのはみ出しがないこと。

(5)　シムは、図のようなコの字状に切断して使用すること。ただし、切欠き部の大きさは、図のようにねじ穴より大きくすること。

(6)　シムのかえり取りは、試験用心出し装置の上で行わないこと。

(7)　平座金を必ず使用すること。

試験用心出し装置

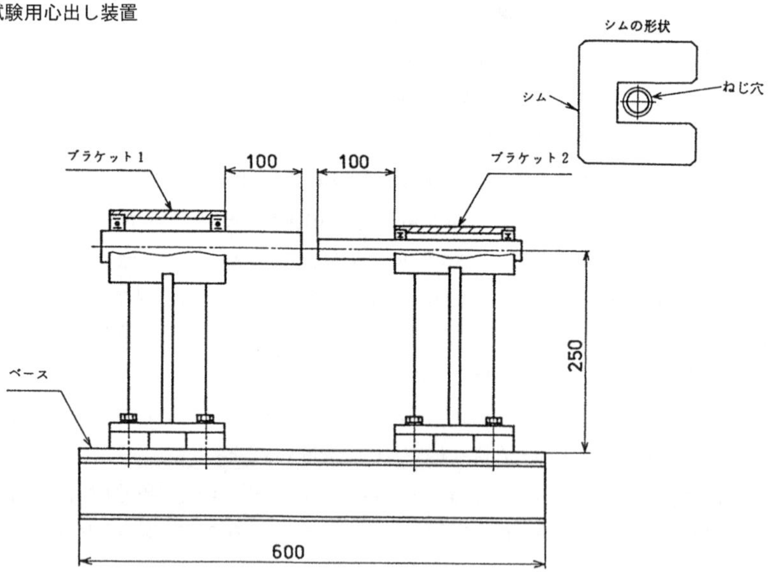

4 支給材料

試験用材料として下記のものが支給される。

品名	寸法又は規格	数量	備考
シム	幅約 60mm×長さ約 300mm 厚さ 0.05mm、0.1mm、0.2mm、0.3mm	各 1 枚	材質は、鉄、銅又は真ちゅうのもの

1級 油圧装置調整（油圧装置調整作業）実技試験使用工具等一覧表

1 受検者が持参するもの

品名		寸法又は規格	数量	備考
測定具等	ダイヤルゲージ	目量 0.01mm	1	マグネットスタンド付き
	スケール	150mm	1	
	すきまゲージ		1 組	
工具等	スパナ	M10 用(二面幅 17mm)	1	めがねレンチ又はモンキレンチでもよい
	金切りはさみ		1	シム切断用
	はさみ		1	
	プラスチックハンマ	450g(1 ポンド)程度	1	
	油といし		1	
	ウエス		若干	
	筆記用具		一式	
服装	作業服等		一式	帽子、保護メガネ(一般的なメガネも可)及び作業用手袋（軍手など一般的に機械部品の組立てに使用するもの）を含む
	安全靴	JIS T8101 若しくは JSAA 認定品又はその相当品も可	一式	

注 1） 受検者が持参するものは、上表に掲げるものに限るが、同一種類のものを予備として持参することは差し支えない。

注 2） 安全の観点により、労働安全衛生規則第 558 条に準拠する。よって、受検条件として受検者は各自、安全靴を持参し、実技試験中は着用とする。

2 試験場に準備してあるもの

(数量欄の数字は、受検者１人当たりの数量を示す。)

品名	寸法又は規格	数量	備考
試験用心出し装置	P.2 に示すもの*	一式	
台	適宜	1	シムかえり取り用

＊本書では P.50

実技試験(計画立案等作業試験)問題について

1 試験実施日

令和５年１月 29 日(日)全国一斉に実施する。

2 試験時間

2 時間

3 問題の概要

油圧回路図の読図及び作成、油圧装置の運転調整及び故障発見並びに油圧機器の機能等について行う。

4 持参用具等

品名	寸法又は規格	数量	備考
筆記用具		一式	
電子式卓上計算機	電池式(太陽電池式含む)	1	関数電卓可(ただし、プログラム機能付きのものは不可)

注）受検者が持参するものについては、上表に掲げるものに限る。

令和４年度 技能検定
１級 油圧装置調整（油圧装置調整作業）
実技試験（計画立案等作業試験）問題

1 試験時間

2時間

2 注意事項

（1） 係員の指示があるまで、この表紙はあけないでください。
（2） 解答用紙に、受検番号及び氏名を必ず記入してください。
（3） 係員の指示に従って、この試験問題が表紙を含めて11ページであることを確認してください。それらに異常がある場合は、黙って手を挙げてください。
（4） 試験開始の合図で始めてください。
（5） 解答は、解答用紙の解答欄に記入してください。
なお、要求している解答以外は記入しないでください。
（6） 試験中は、携帯電話、スマートフォン、ウェアラブル端末等の使用(電卓機能の使用を含む)を禁止とします。
（7） 試験中、質問があるときは、黙って手を挙げてください。ただし、試験問題の内容、漢字の読み方等に関する質問にはお答えできません。
（8） 試験終了時刻前に解答ができあがった場合は、黙って手を挙げて、係員の指示に従ってください。
（9） 試験中に手洗いに立ちたいときは、黙って手を挙げて、係員の指示に従ってください。
(10) 試験終了の合図があったら、筆記用具を置き、係員の指示に従ってください。
(11) 試験終了後、解答用紙を提出してください。
(12) 計算等は、問題用紙の余白又は裏面を使用して行ってください。

3 試験に使用できる用具等一覧

品　　名	寸法又は規格	数　量	備　　考
筆記用具		一式	
電子式卓上計算機	電池式(太陽電池式含む)	1	関数電卓可(ただし、プログラム機能付きのものは不可)

問題 1

下図は、圧延機の冷間油圧圧下装置の油圧回路図である。この油圧回路図について、次の文中の(　①　)～(　⑩　)に当てはまる語句として最も適切なものを[語群]から一つずつ選び、解答欄に記号で答えなさい。ただし、同じ記号を重複して使用してはならない。

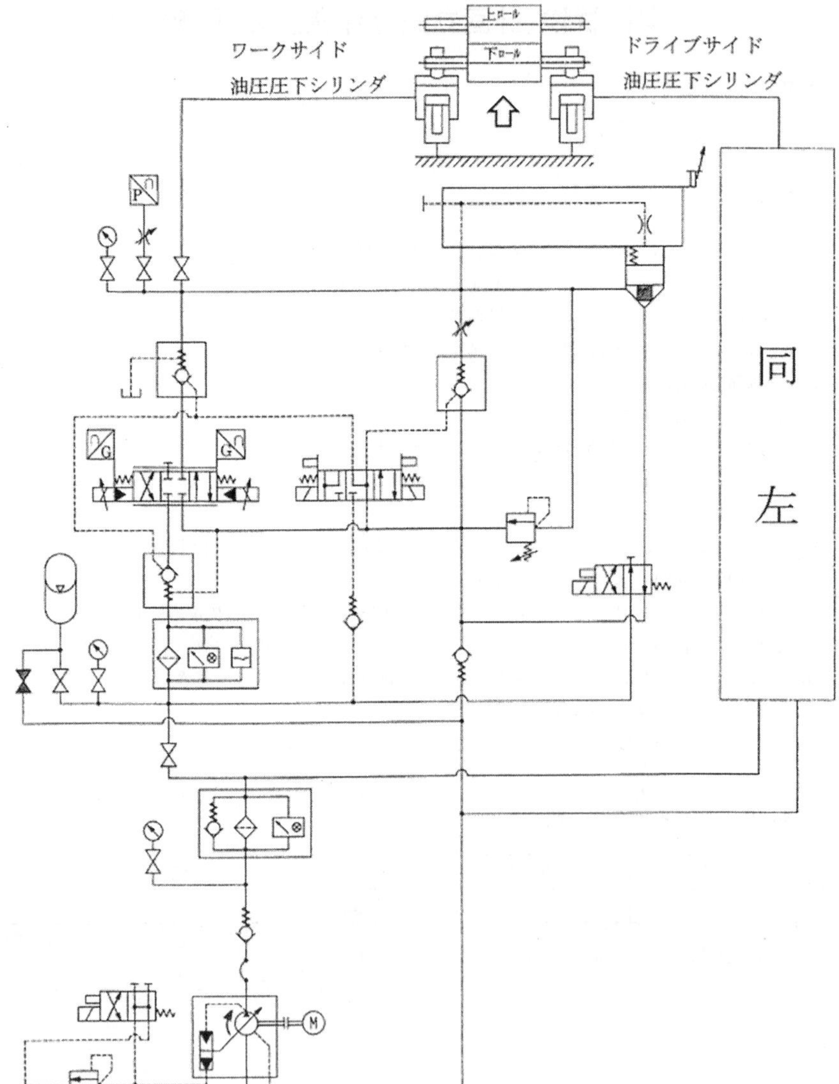

〔油圧回路について〕

- 圧延材の圧延精度の要求が高まり、油圧圧下制御は(　①　)が採用される。(　①　)は(　②　)に比較して油圧回路効率は劣るが、応答性が優れているためである。
- この油圧回路では、サーボ弁と(　③　)によって、油圧圧下シリンダの圧力フィードバック制御を行っている。

〔仕様の計算について〕

- 油圧圧下制御の概略仕様は、以下のとおりである。ただし、円周率は3.14とする。

> 油圧圧下シリンダサイズ　：　φ610×290st(mm)×2本
> 油圧圧下力F(ワークサイドとドライブサイドの合算値)　：　11,920kN
> 油圧圧下時のシリンダ速度V　：　3.0mm／s
> シリンダ面積A(1本当たり)　：　(　④　)cm²
> シリンダ所要圧力P　：　(　⑤　)MPa
> シリンダ圧下時の所要流量Q(シリンダ2本分)　：　(　⑥　)L／min

〔油圧ポンプについて〕

- 油圧ポンプは(　⑦　)ポンプを使用している。この場合、ポンプ傾転角制御の応答遅れを補償するために、サーボ弁の手前に(　⑧　)を設けている。
- 油圧圧下制御で使用するサーボ弁は、一般的に(　⑨　)スプールであり、フィードバック制御を行っていないときは、油路を完全に遮断することができない。この圧延機の場合では、油路を遮断するために、(　⑩　)を設けロッキング回路を構成している。

[語群]

記号	語句	記号	語句	記号	語句
ア	パイロット操作チェック弁	イ	流量計	ウ	圧力変換器
エ	定容量形	オ	可変容量形	カ	バルブ制御
キ	オーバラップ	ク	ポンプ制御	ケ	リリーフ弁
コ	アキュムレータ	サ	ゼロラップ	シ	高圧フィルタ
ス	20.4	セ	40.8	ソ	204.4
タ	2921	チ	3116	ツ	3847
テ	52.6	ト	105.2	ナ	152.5

問題 2

下図は、遊戯機械(魔法のじゅうたん)の油圧回路である。この油圧回路図について、次の各設問に答えなさい。

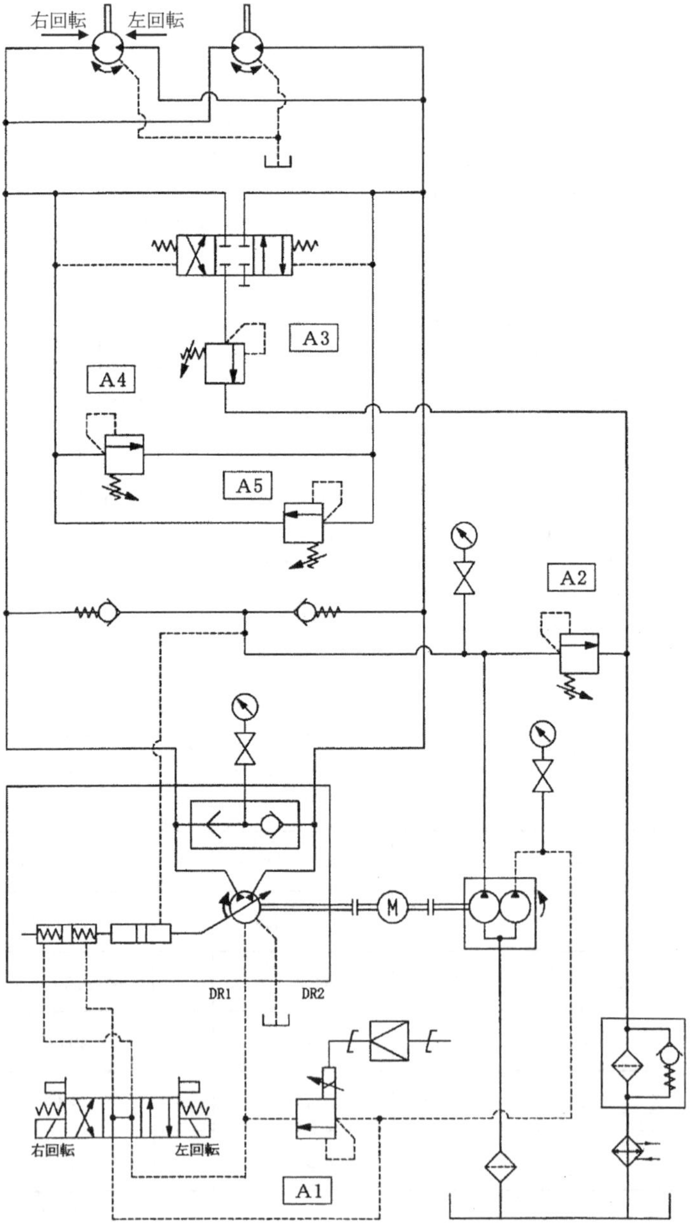

【設問 1】　次の文中の(　①　)～(　⑤　)に当てはまる語句として最も適切なものを、下記の[語群]の中から一つずつ選び、解答欄に記号で答えなさい。ただし、同じ記号を重複して使用してはならない。

・ 閉回路では、一般の油圧開回路で見られる(　①　)用のバルブがなく、また、油圧ポンプは可変容量形ポンプのため、定容量形ポンプのときのようにリリーフ弁や圧力補償弁等から(　②　)をブリードオフすることがなく、油圧回路効率が良い。

・ 電動機の回生制動による(　①　)

誘導電動機は(　③　)を受け、同期速度以上に加速されると、(　④　)を発生し、この力により、(　③　)に対しても暴走せず、(　⑤　)制御が可能となる。

[語群]

記号	語句	記号	語句	記号	語句
ア	制動トルク	イ	正負荷	ウ	速度
エ	方向	オ	自走防止	カ	必要油量
キ	余剰油量	ク	正トルク	ケ	負負荷
コ	冷却	サ	清浄化	シ	圧力

【設問 2】　油圧回路図に記載されているA1～A5それぞれの圧力制御弁の役割として最も適切なものを、下記の[語群]の中から一つずつ選び、解答欄に記号で答えなさい。ただし、同じ記号を重複して使用してはならない。

[語群]

記号	役　割
ア	左回転時の安全弁用
イ	右回転時の安全弁用
ウ	ポンプ吐出し量制御用
エ	チャージポンプの安全弁用
オ	チャージ圧力制御用

【設問 3】　油圧回路図中に記載されているA2及びA3の圧力制御弁の設定圧力の組合せとして最も適切なものを、下記の[語群]の中から一つ選び、解答欄に記号で答えなさい。

[語群]

記号	A2 圧力 (MPa)	A3 圧力 (MPa)
ア	2	2
イ	2	1.5
ウ	1.5	1.5
エ	1.5	2

問題3

下図は、閉回路の油圧回路図である。下記の条件に従い、油圧回路図中の符号A～Eに該当する最も適切な図記号を[図記号群]からそれぞれ一つずつ選び、解答欄にその記号で答えなさい。

なお、効率、損失等は計算において無視すること。ただし、同じ記号を重複して使用してはならない。

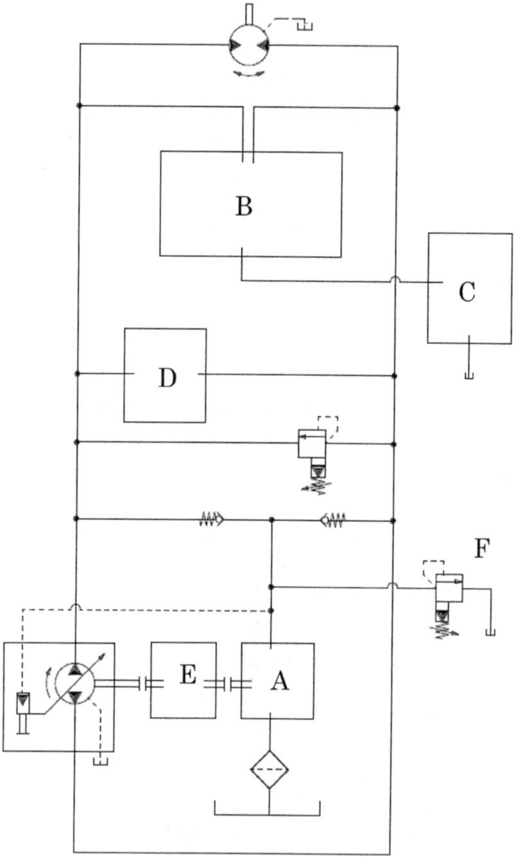

[条件]

1．油圧モータの両方向の負荷トルク： 500 N・m

2．油圧モータの押しのけ容積： 200 cm^3

3．油圧モータの回転速度： 500 min^{-1}

4．油圧ポンプの回転速度： 1800 min^{-1}

（この油圧装置は電源周波数が60Hzの地域で使用される。）

5．バルブ Fの設定圧力： 3 MPa

[図記号群]

記号	図記号	記号	図記号	記号	図記号
ア	 15 L/min	イ	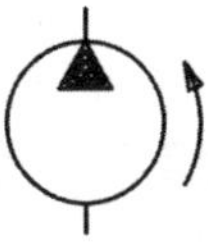 30 L/min	ウ	 15 L/min
エ	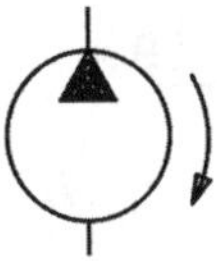 30 L/min	オ	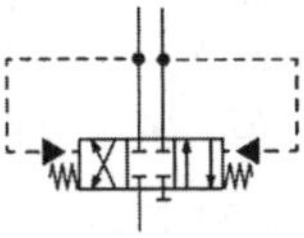	カ	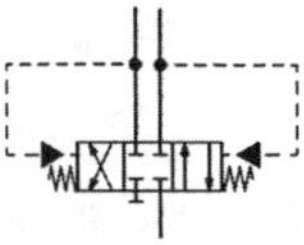
キ	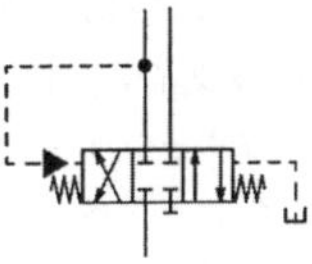	ク	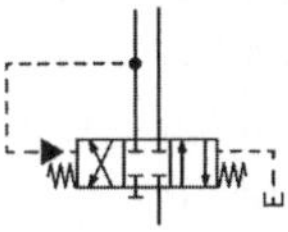	ケ	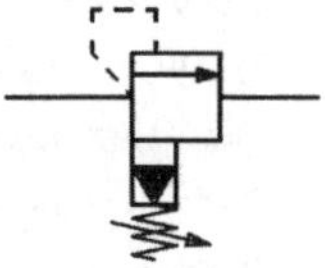 2 MPa
コ	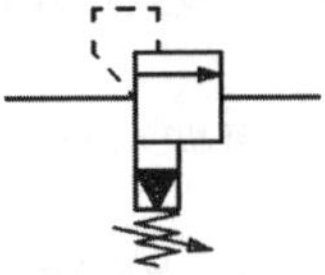 3 MPa	サ	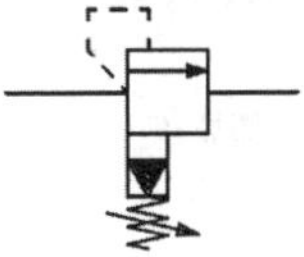 4 MPa	シ	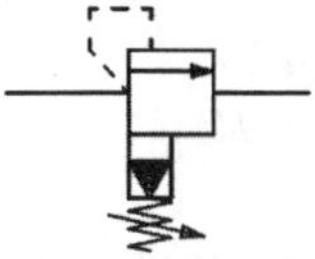 14 MPa
ス	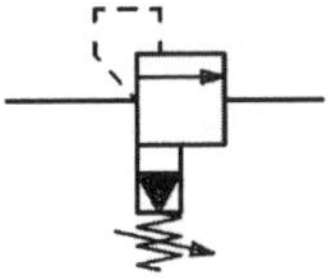 17.5 MPa	セ	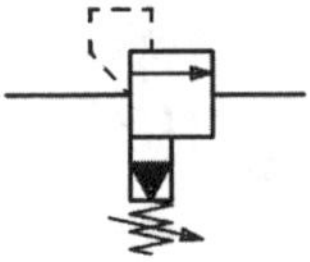 21 MPa	ソ	 30 kW 4P
タ	 22 kW 4P	チ	 30 kW 6P	ツ	 22 kW 6P

問題 4

下図に示す油圧シリンダの図を見て、次の各設問に答えなさい。

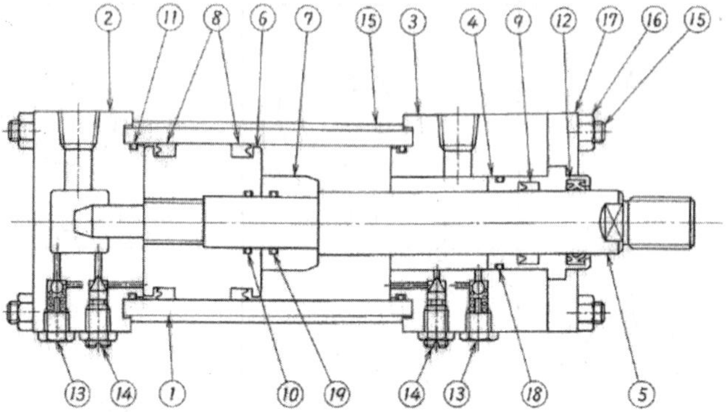

【設問 1】 部品名称の組合せとして、次のうち正しいものを二つ選び、解答欄に記号で答えなさい。ただし、同じ記号を重複して使用してはならない。

ア	①シリンダチューブ	②ロッドカバー	③キャップカバー
イ	①シリンダチューブ	⑦クッションリング	⑫ ワイパリング
ウ	③キャップカバー	④ブシュ	⑮ タイロッド
エ	⑤ピストンロッド	⑧ピストンパッキン	⑱クッションリングガスケット
オ	⑥ピストン	⑦クッションリング	⑨ロッドパッキン

【設問 2】 クッション効果の調整部品として、次のうち最も適切なものを一つ選び、解答欄に記号で答えなさい。

ア　部品⑬　　　イ　部品⑭　　　ウ　部品⑬と⑭

【設問 3】 部品①の内面の仕上げ面粗さとして、最も適切なものを一つ選び、解答欄に記号で答えなさい。

ア　*Rz* 0.05　　イ　*Rz* 3.2　　ウ　*Rz* 12.5　　エ　*Rz* 25

【設問 4】 ピストンロッドの座屈に関する次の文中の(　①　)～(　③　)に当てはまるものとして最も適切なものを下記の[語群]から一つずつ選び、解答欄に記号で答えなさい。ただし、同じ記号を重複して使用してはならない。

ピストンロッドに外力として(　①　)力を受ける場合には、(　①　)強さのみを考慮すればよいが、(　②　)力を受ける場合には十分な(　③　)強度が必要である。(　③　)強度が不足し、大きなたわみが生じた場合には、すべり面の変形などにより、ブシュ及びピストンに大きな偏荷重がかかり、焼付き、スティクスリップ、パッキンの異常摩耗などの原因となる。

[語群]

ア　圧縮	イ　引張	ウ　座屈	エ　耐	オ　曲げ

【設問 5】次の文中の、①～④に当てはまるものとして最も適切なものを下記の[語群]から一つずつ選び、解答欄に記号で答えなさい。ただし、同じ記号を重複して使用してはならない。

ロッドの座屈荷重 Wは次式で求められる。

W: 座屈荷重　E: 縦弾性係数　I: ピストンロッド断面の二次モーメント

ℓ: 取付け長さ　n: 取付け端の端末条件による係数

$$W = n\pi^2 EI / \ell^2$$

上記に基づき、[語群]のシリンダ取付端末条件で座屈荷重を計算した場合、次の関係が成り立つ。

W:　①　＞　②　＞　③　＞　④

[語群]

記号	ア	イ	ウ	エ
シリンダ取付図	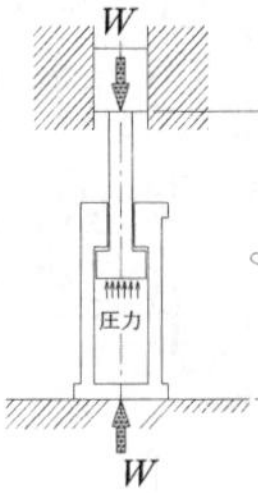	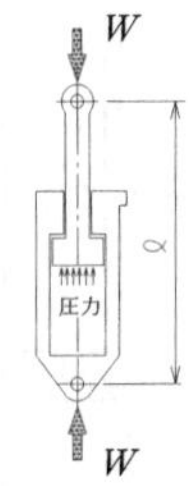	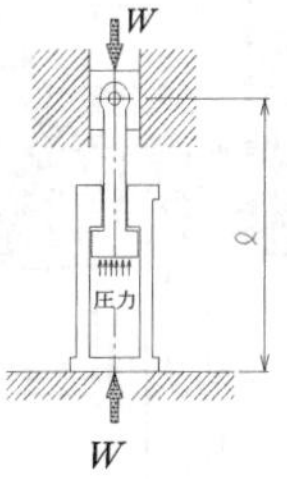	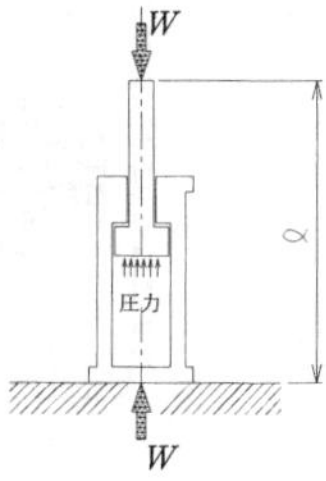
シリンダ取付端末条件	シリンダ、ロッド端共固定(両端固定端)でロッド端がガイド付きの場合	シリンダとロッドの両端がピンジョイント(両端回転端)の場合	シリンダが固定でロッド端がガイド付きでピンジョイント(回転端)の場合	シリンダが固定でロッド端が自由の場合

【設問 6】下図の①～④に対するシリンダ取付け方法の名称として適切なものを、下記の[語群]から一つずつ選び、解答欄に記号で答えなさい。ただし、同じ記号を重複して使用してはならない。

①	②
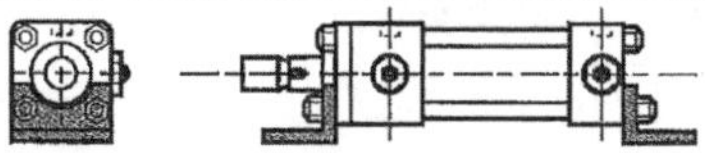	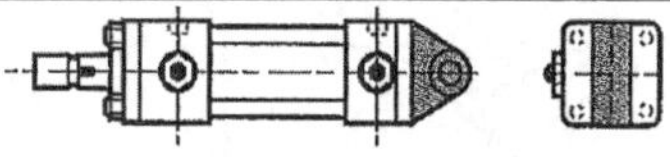
③	④
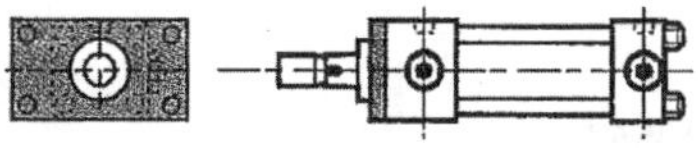	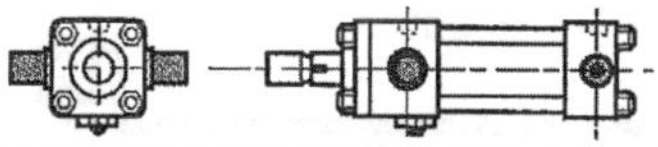

[語群]

ア　フート取付け形　　イ　フランジ取付け形　　ウ　アイ取付け形

エ　クレイドル取付け形　　オ　トラニオン取付け形

問題5

下図の油圧回路について、次の各設問に答えなさい。

なお、効率、損失等は計算において無視すること。

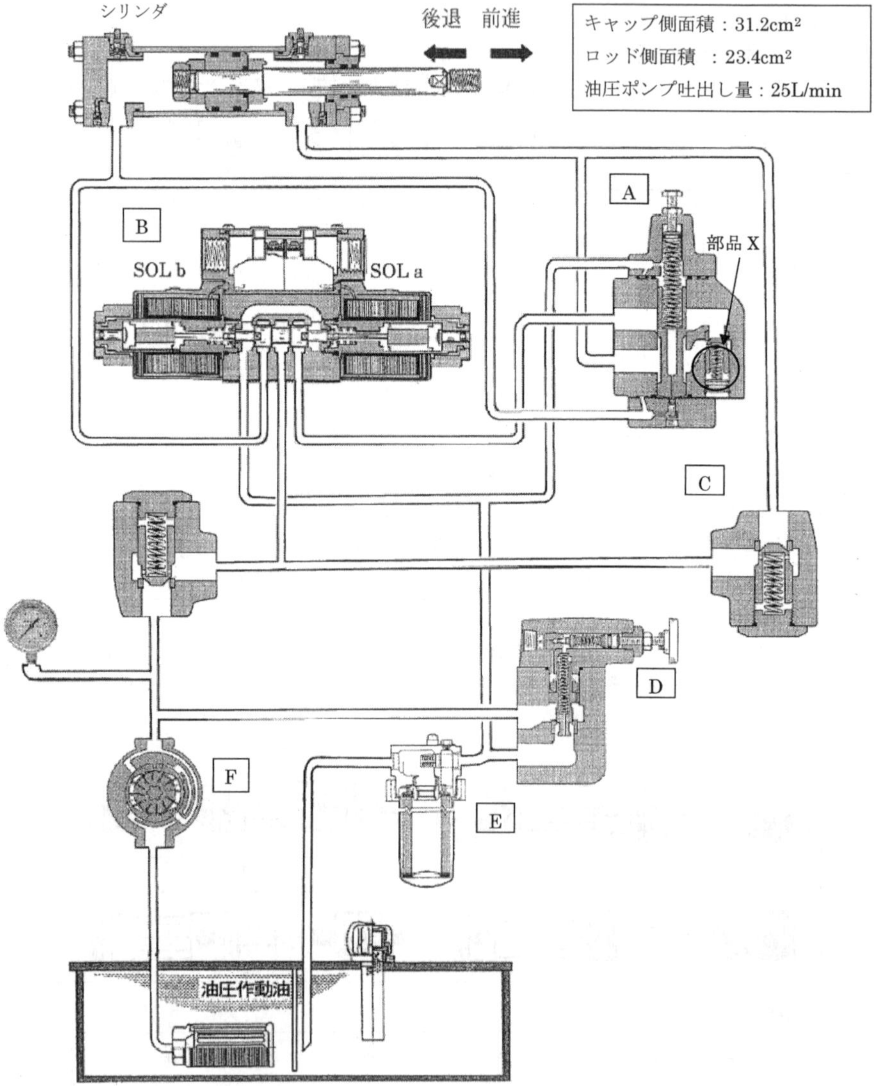

【設問 1】図中の機器記号 A ～ F に当てはまる機器名称の組合せとして正しいものを二つ選び、解答欄に記号で答えなさい。ただし、同じ記号を重複して使用してはならない。

ア	A 低圧減圧弁	B 電磁パイロット形切換弁	C パイロット操作チェック弁
イ	A シーケンス弁	B 電磁パイロット形切換弁	C チェック弁
ウ	A シーケンス弁	B 電磁切換弁	C チェック弁
エ	A アンロード弁	B 電磁切換弁	C シャトル弁
オ	D パイロット作動形リリーフ弁	E 低圧ラインフィルタ	F ベーンポンプ
カ	D パイロット作動形リリーフ弁	E 低圧ラインフィルタ	F ギヤポンプ
キ	D 低圧減圧弁	E オフラインフィルタ	F ギヤポンプ

【設問 2】機器 B のソレノイド a を ON にした場合、シリンダの動作として正しいものを一つ選び、解答欄に記号で答えなさい。

ア　前進する　　イ　後退する

【設問 3】この回路構成の名称として、正しいものを一つ選び、解答欄に記号で答えなさい。

ア　増圧回路　　イ　減速回路　　ウ　差動回路　　エ　アンロード回路

【設問 4】シリンダ前進時の速度として、次のうち最も近いものを一つ選び、解答欄に記号で答えなさい。

ア　13.4cm/s　　イ　26.8cm/s　　ウ　53.4cm/s　　エ　106.8cm/s

【設問 5】メンテナンス時に部品 X を組み忘れ、シリンダを前進させてしまった。そのときのシリンダ速度として、次のうち最も近いものを一つ選び、解答欄に記号で答えなさい。

ア　13.4cm/s　　イ　26.8cm/s　　ウ　53.4m/s　　エ　106.8m/s

【設問 6】機器 A の働きとして正しいものを一つ選び、解答欄に記号で答えなさい。

ア　シリンダの前進時にロッド側の流れが、機器 B へ流れるのを阻止する。
イ　シリンダの前進時にシリンダが自走しないように、背圧をかける。
ウ　シリンダの前進時の多段速度の調整をする。
エ　シリンダの前進時のライン圧力を決める。

【設問 7】シリンダ前進時に所定の速度が出なかった。その原因として、誤っているものを一つ選び、解答欄に記号で答えなさい。

ア　機器 A の設定圧力が作動圧力より低い。
イ　機器 A の設定圧力が作動圧力より高い。
ウ　機器 A の設定圧力は適正であるが、機器 C が開かない。

令和３年度 技能検定
１級 油圧装置調整(油圧装置調整作業)
実技試験(計画立案等作業試験)問題

1 試験時間

２時間

2 注意事項

(１) 係員の指示があるまで、この表紙はあけないでください。
(２) 解答用紙に、受検番号及び氏名を必ず記入してください。
(３) 係員の指示に従って、この試験問題が表紙を含めて11ページであることを確認してください。それらに異常がある場合は、黙って手を挙げてください。
(４) 試験開始の合図で始めてください。
(５) 解答は、解答用紙の解答欄に記入してください。
なお、要求している解答以外は記入しないでください。
(６) 試験中は、携帯電話、スマートフォン、ウェアラブル端末等の使用(電卓機能の使用を含む)を禁止とします。
(７) 試験中、質問があるときは、黙って手を挙げてください。ただし、試験問題の内容、漢字の読み方等に関する質問にはお答えできません。
(８) 試験終了時刻前に解答ができあがった場合は、黙って手を挙げて、係員の指示に従ってください。
(９) 試験中に手洗いに立ちたいときは、黙って手を挙げて、係員の指示に従ってください。
(10) 試験終了の合図があったら、筆記用具を置き、係員の指示に従ってください。
(11) 試験終了後、解答用紙を提出してください。
(12) 計算等は、問題用紙の余白又は裏面を使用して行ってください。

3 試験に使用できる用具等一覧

品　　名	寸法又は規格	数　量	備　　考
筆記用具		一式	
電子式卓上計算機	電池式(太陽電池式含む)	1	関数電卓可(ただし、プログラム機能付きのものは不可)

問題 1

下図は、特殊車両系農業機械の油圧回路図である。この回路図に関する記述として正しいものを、次のページの[語群]から五つ選び、解答欄に記号で答えなさい。ただし、同じ記号を重複して使用してはならない。

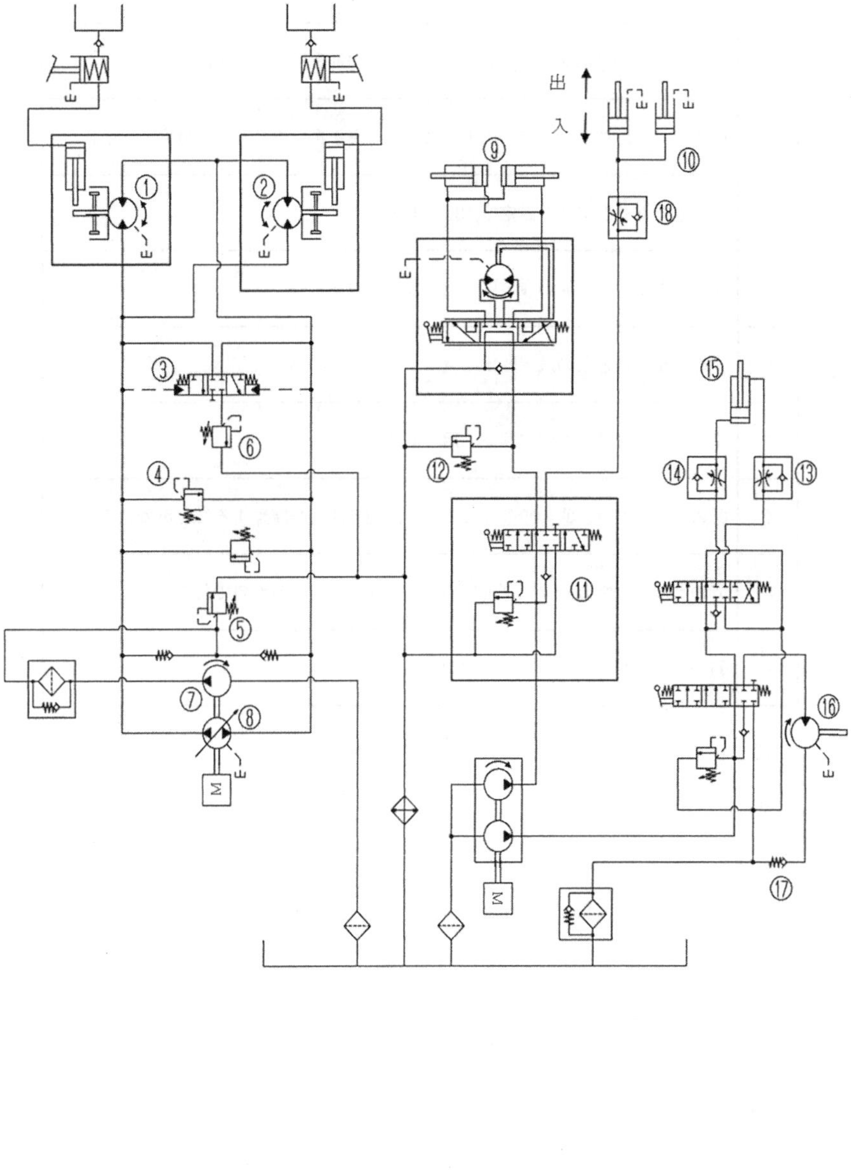

[語群]

記号	油圧回路図に関する記述
ア	この油圧回路は全て開回路になっている。
イ	この油圧回路は閉回路と開回路になっている。
ウ	②の油圧モータにブレーキを掛けると、①の油圧モータの速度が遅くなる。
エ	③のバルブは油圧モータの両方向にブレーキを掛けるための切換弁である。
オ	⑤と⑥のリリーフ弁の設定圧力は、⑤の方が高い。
カ	④と⑥のリリーフ弁の設定圧力は、⑥の方が高い。
キ	⑦の吐出し量と⑧の最大吐出し量は、⑧の方が多い。
ク	⑨のシリンダは、ステアリング用である。
ケ	⑩のシリンダは、⑱の絞り弁によって出側の速度を調整することができる。
コ	⑪のバルブは⑨のシリンダと⑩のシリンダを選択するものである。
サ	⑮のシリンダはメータアウト制御である。

問題 2

下図は、ブローチ盤の油圧回路図である。この回路図に関する次の文中の(　　)内に当てはまるものについて、(　②　)、(　③　)及び、(　⑤　)～(　⑧　)は次のページの[語群]から、(　①　)、(　④　)、(　⑨　)は油圧回路図の ⓐ ～ ⓙ から適切なものを一つずつ選び解答欄に記号で答えなさい。ただし、同一記号を重複して使用してはならない。

なお、効率、損失等は計算において無視すること。

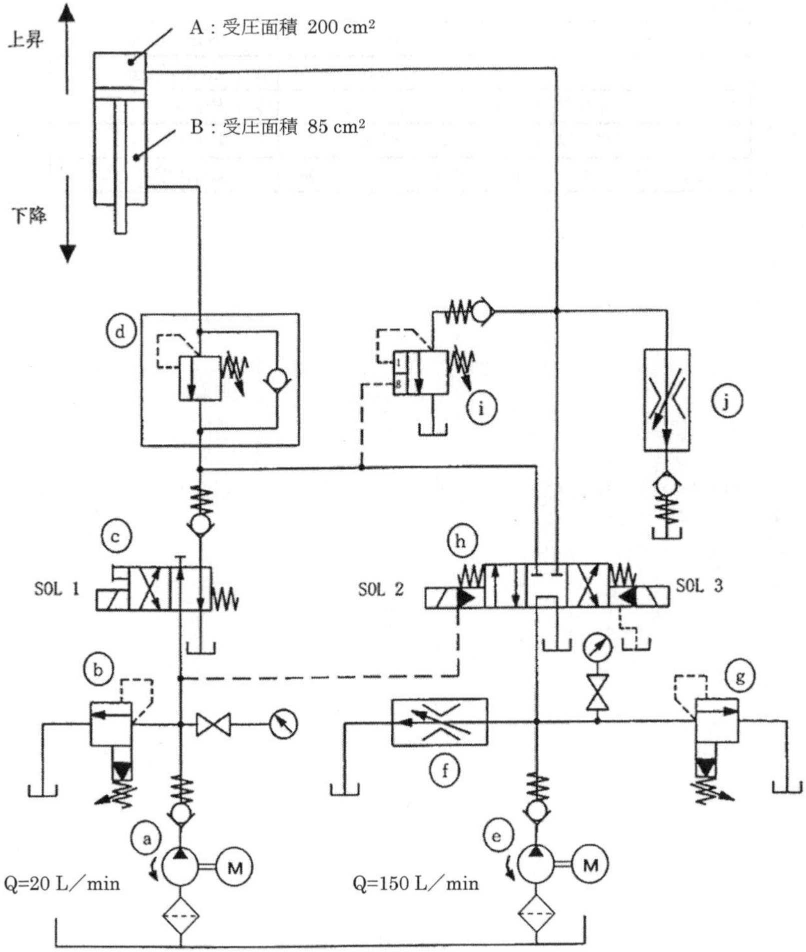

[表]　電磁弁動作表

	上昇	保持	下降
SOL 1	ON	OFF	OFF
SOL 2	ON	OFF	OFF
SOL 3	OFF	OFF	ON

シリンダの上昇速度は(　①　)で調整され、最大速度は(　②　)である。この時、シリンダの A 側より放出される流量は(　③　)となる。

シリンダの下降速度は(　①　)及び(　④　)で調整され、上昇速度を最大にしたとき、下降の最大速度は(　⑤　)であり、この速度制御方式は(　⑥　)である。

ⓘ は(　⑦　)と(　⑧　)の働きをしており、(　⑨　)を小口径化する目的で使用される。

[語群]

ア	8.5 m／min	イ	400 L／min	ウ	18 m／min
エ	360 L／min	オ	20.0 m／min	カ	7.5 m／min
キ	ブリードオフ制御	ク	メータイン制御	ケ	安全弁
コ	メータアウト制御	サ	アンロード弁	シ	減圧弁
ス	シーケンス弁	セ	カウンタバランス弁	ソ	流量調整弁

問題３

下図は、プレス機械の油圧回路図である。この回路図について、次の条件に従って各設問に答えなさい。

なお、【設問 1】から【設問 5】までは次のページの[数値群]から、【設問 6】と【設問 7】は次のページの[図記号群]から最も適切なものをそれぞれ一つずつ選び、解答欄に記号で答えなさい。ただし、同じ記号を重複して使用してはならない。

また、効率、損失等は計算において無視すること。

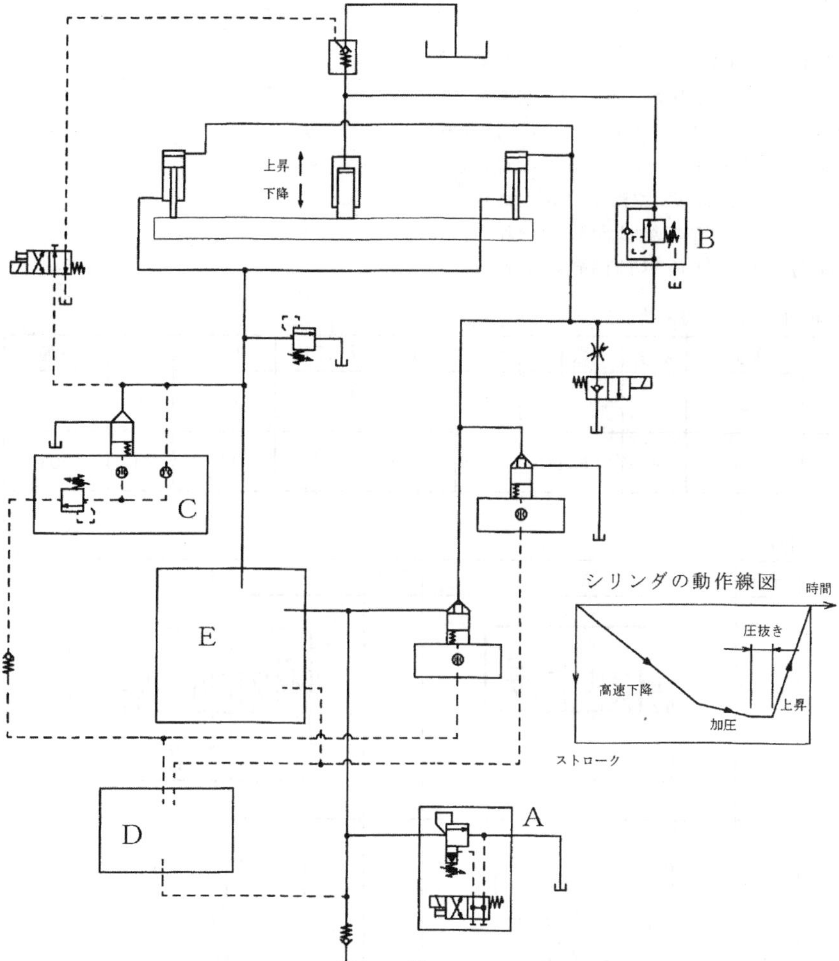

[条件]

1．片ロッドシリンダのサイズと数量：ϕ100 mm×ϕ56 mm×2 本
2．プランジャ形シリンダのサイズ：ϕ400 mm
3．加圧力：3500 kN
4．自重負荷：85 kN
5．油圧ポンプ吐出量：150 L／min
6．バルブＣの設定圧力：11 MPa
7．加圧動作への切換えは可能な限り低圧で行うこと。

【設問 1】　高速下降の速度（mm／s）はいくらか。
【設問 2】　自重発生圧力（MPa）はいくらか。
【設問 3】　バルブＡの設定圧力（MPa）はいくらか。
【設問 4】　バルブＢの設定圧力（MPa）はいくらか。
【設問 5】　加圧時のポンプ動力（kW）はいくらか。
【設問 6】　バルブＤの適切な図記号はどれか。
【設問 7】　バルブＥの適切な図記号はどれか。

[数値群]

記号	数値	記号	数値	記号	数値	記号	数値	記号	数値
ア	2	イ	3.5	ウ	7.9	エ	15.8	オ	21
カ	25	キ	52.5	ク	62.5	ケ	159	コ	508

[図記号群]

記号	語句	記号	語句
サ	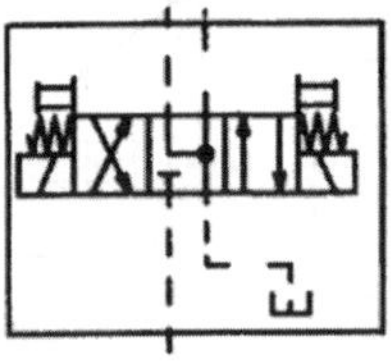	シ	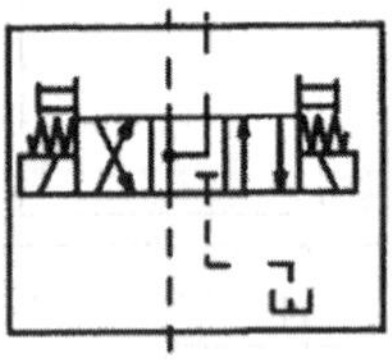
ス	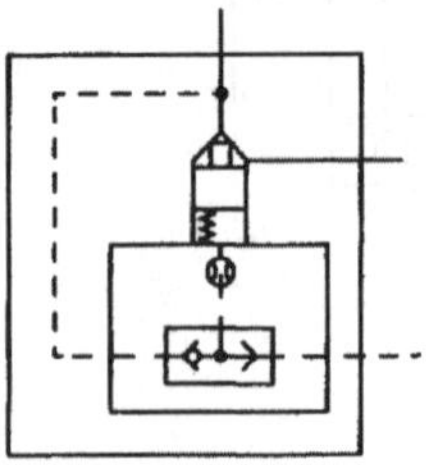	セ	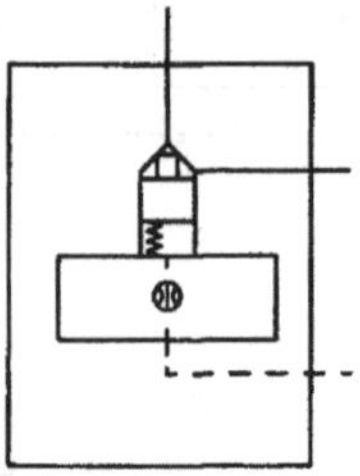

問題 4

下図に示す建設機械に使用される斜板式可変容量形ピストンポンプの構造図を見て、次の各設問に答えなさい。

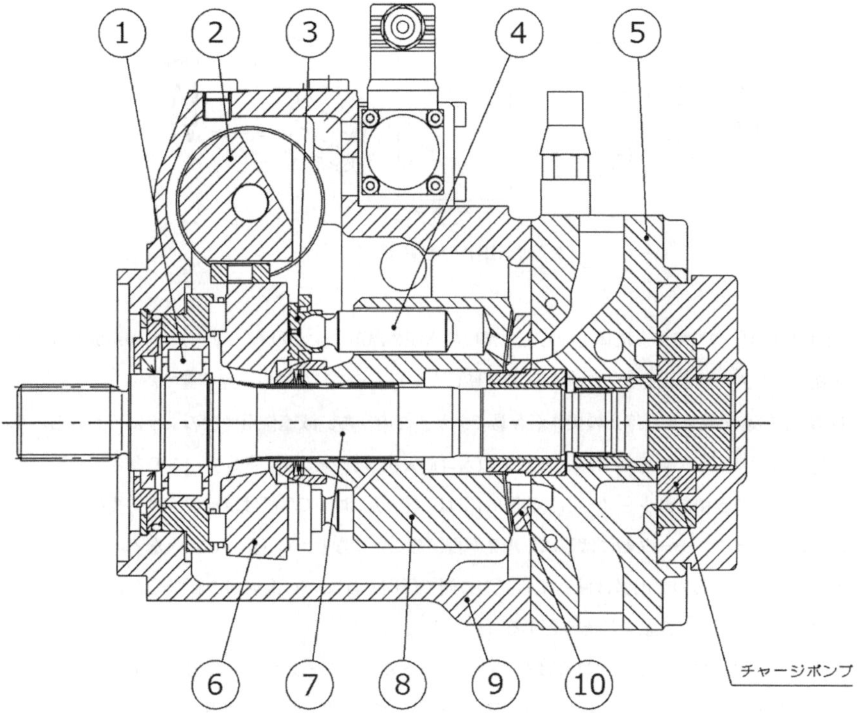

【設問 1】　このポンプを構成する部品記号①～⑩の部品名称として最も適切なものを、下記の[語群]からそれぞれ一つずつ選び、解答欄に記号で答えなさい。ただし、同じ記号を重複して使用してはならない。

[語群]

ア	オイルシール	イ	ポートブロック	ウ	サイドプレート
エ	ベアリング	オ	スプール	カ	シャフト
キ	スワッシュプレート	ク	サーボピストン	ケ	ハウジング
コ	シュー	サ	シリンダブロック	シ	バルブプレート
ス	ピストン	セ	リテーナガイド	ソ	コントロールバルブ

【設問 2】　下図に示す分離形 HST の配置図を見て、文中の(　①　)～(　⑧　)内に当てはまる語句として最も適切なものを、下記の[語群]からそれぞれ一つずつ選び、解答欄に記号で答えなさい。ただし、同じ記号を重複して使用してはならない。

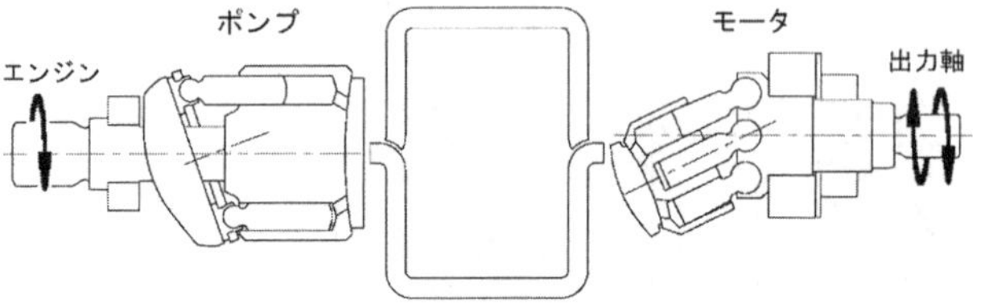

[分離形 HST の配置図]

HST は(　①　)の略で、流体を介して、常に静水圧の原理、すなわち(　②　)の原理が成り立つように密閉して、入力側と出力側との移動総量が等しくなるようにした動力伝達装置である。

HST は加速や減速及び停止の操作が容易であり、このうち、減速作用は次のように行われる。車両が一定速度で走行している場合は、モータの入口側と出口側の流量は等しく、このとき、減速しようとしてポンプの容積を減少させても、瞬間的には(　③　)によって車両は以前の速度を維持しようとする。それによって、モータ軸には逆にトルクが掛かることになり、(　④　)作用となる。このときのモータは、ポンプからの吐出量は減っても、入口側で圧縮されている作動油の膨張分を利用して、出口側にはそれまでと同じ流量を流そうとする。

しかし、その先にあるポンプは容積が下がっているので、モータからの吐出量の全部は必要としない。この流量の差が、モータの(　⑤　)側の圧力を上昇させ、(　⑥　)を作用させたような状態になり、車両を(　⑦　)させる。この(　⑧　)特有の現象によって、緩急を付けた運転がスムーズにできることになる。

[語群]

<table>
<tr><td>ア</td><td colspan="3">ハイドロスタティック・トランスミッション</td><td>イ</td><td>ハイドロシステム・トランスミッション</td></tr>
<tr><td>ウ</td><td>モータ</td><td>エ</td><td>ベルヌーイ</td><td>オ</td><td>バルブ</td></tr>
<tr><td>カ</td><td>加速</td><td>キ</td><td>ポンプ</td><td>ク</td><td>パスカル</td></tr>
<tr><td>ケ</td><td>減速</td><td>コ</td><td>慣性</td><td>サ</td><td>重力</td></tr>
<tr><td>シ</td><td>アクセル</td><td>ス</td><td>ブレーキ</td><td>セ</td><td>開回路</td></tr>
<tr><td>ソ</td><td>入口</td><td>タ</td><td>出口</td><td>チ</td><td>閉回路</td></tr>
</table>

問題 5

下図に示す油圧回路図について、次の文中の(　①　)～(　⑦　)内に当てはまる語句として最も適切なものを、次のページの[語群]からそれぞれ一つずつ選び、解答欄に記号で答えなさい。ただし、同じ記号を重複して使用してはならない。

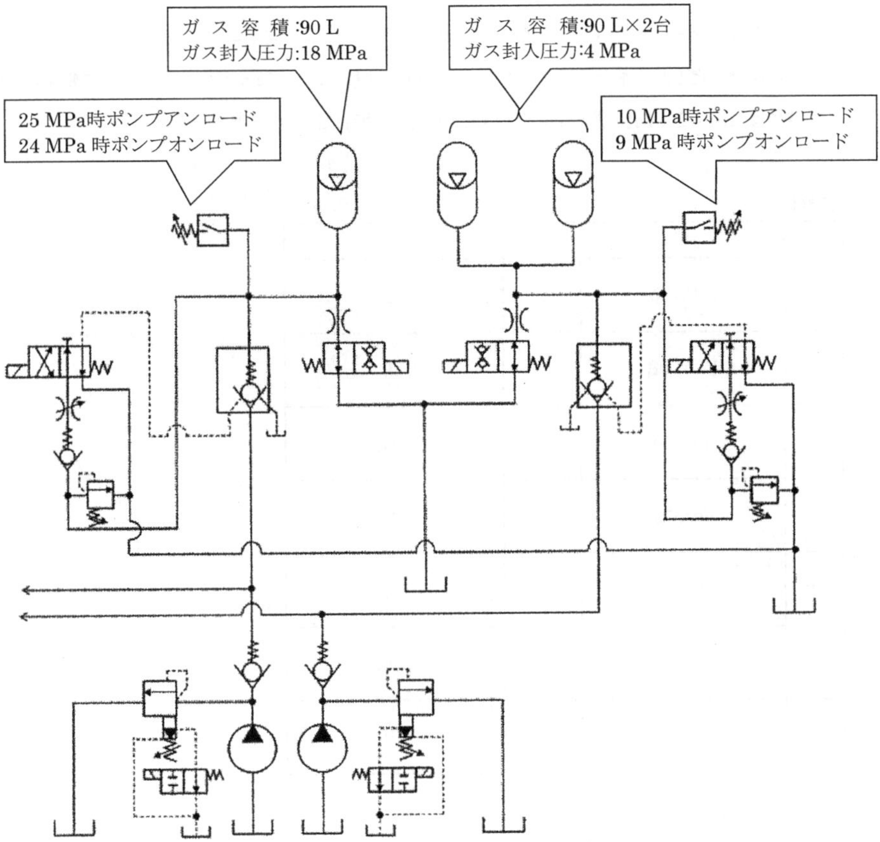

この装置では、アキュムレータは(　①　)用として使用され、ガスの封入圧力はブラダの寿命を長くするために最低作動圧力の(　②　)%程度とし、また、最高作動圧力の(　③　)%以下にならないよう注意する。

ガスの封入圧力が低下すると、有効吐出し量は(　④　)する。

ガスは(　⑤　)を用い、爆発の危険性がある(　⑥　)を誤って封入しないよう厳重に注意する。

機器や配管の保全時は、アキュムレータに残圧がないことを確認した上で取り外す。

この装置では、機械停止時(電源 OFF 時)は回路を遮断し、圧油を抜くような回路になっている。

ガスの温度は一定とし、また、油タンクの油面変動は 6 L 当たり 1 cm とすると、ポンプ運転時と機械停止時では油面高さが約(　⑦　)cm 変動するので、給油時は注意が必要である。

[語群]

記号	語句	記号	語句
ア	脈動吸収	ク	22
イ	動力補償	ケ	25
ウ	40～50	コ	CO_2
エ	60～70	サ	O_2
オ	80～90	シ	N_2
カ	8	ス	増加
キ	15	セ	減少

令和2年度 技能検定
1級 油圧装置調整（油圧装置調整作業）
実技試験（計画立案等作業試験）問題

1 試験時間

2時間

2 注意事項

(1) 係員の指示があるまで、この表紙はあけないでください。
(2) 解答用紙に、受検番号及び氏名を必ず記入してください。
(3) 係員の指示に従って、この試験問題が表紙を含めて12ページであることを確認してください。それらに異常がある場合は、黙って手を挙げてください。
(4) 試験開始の合図で始めてください。
(5) 解答は、解答用紙の解答欄に記入してください。
なお、要求している解答以外は記入しないでください。
(6) 試験中は、携帯電話、スマートフォン、ウェアラブル端末等の使用(電卓機能の使用を含む)を禁止とします。
(7) 試験中、質問があるときは、黙って手を挙げてください。ただし、試験問題の内容、漢字の読み方等に関する質問にはお答えできません。
(8) 試験終了時刻前に解答ができあがった場合は、黙って手を挙げて、係員の指示に従ってください。
(9) 試験中に手洗いに立ちたいときは、黙って手を挙げて、係員の指示に従ってください。
(10) 試験終了の合図があったら、筆記用具を置き、係員の指示に従ってください。
(11) 試験終了後、解答用紙を提出してください。
(12) 計算等は、問題用紙の余白又は裏面を使用して行ってください。

3 試験に使用できる用具等一覧

品　　名	寸法又は規格	数　量	備　　考
筆記用具		一式	
電子式卓上計算機	電池式(太陽電池式含む)	1	関数電卓可(ただし、プログラム機能付きのものは不可)

問題 1

下図は、操舵《だ》機の油圧回路図である。この回路図及び下記の条件にしたがって、次の各設問に答えなさい。

【条件】

- シリンダ 1 及びシリンダ 2 のキャップ側面積：150 cm^2
- シリンダ 1 及びシリンダ 2 のロッド側面積：100 cm^2
- 所要舵トルク：120 kN·m
- 舵柄《だへい》半径：0.5 m
- シリンダの所要速度：1.5 m／min
- 油圧機器のオーバライド圧力特性、圧力損失、効率及び管路の圧力損失は無視する。

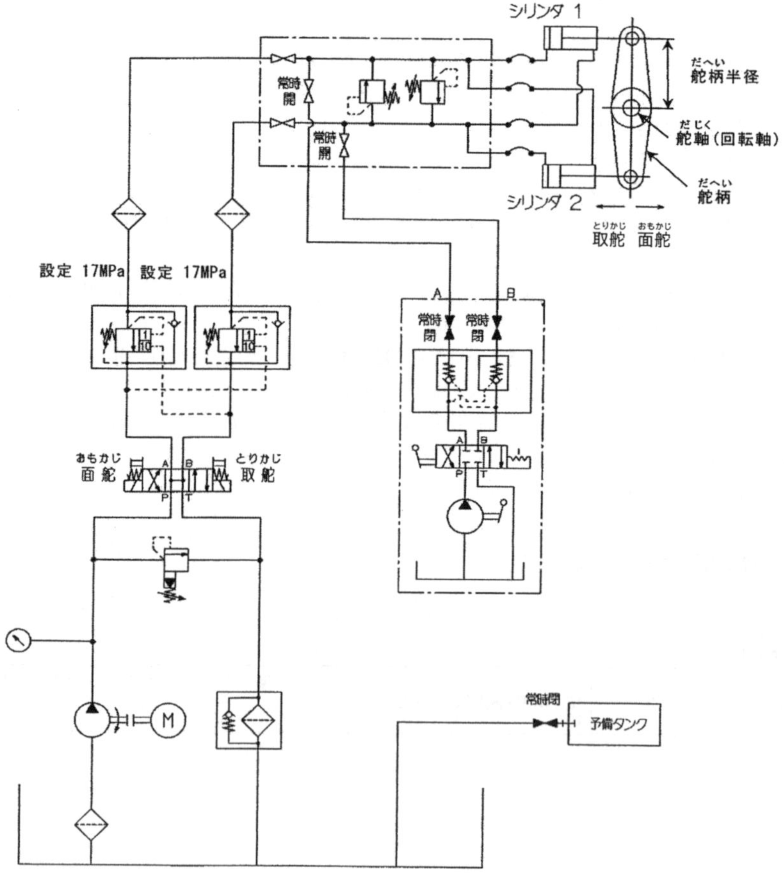

【設問 1】 シリンダの所要圧力(単位：MPa)として適切なものを、下記の［数値群］から一つ選び、解答欄に記号で答えなさい。

［数値群］

記号	数値	記号	数値	記号	数値
ア	0.4	イ	0.48	ウ	0.96
エ	4	オ	4.8	カ	9.6

【設問 2】 シリンダの所要流量(単位：L／min)として適切なものを、下記の［数値群］から一つ選び、解答欄に記号で答えなさい。

［数値群］

記号	数値	記号	数値	記号	数値
ア	30	イ	37.5	ウ	45
エ	300	オ	375	カ	450

【設問 3】 設問 1 及び設問 2 の条件における油動力(単位：kW)として適切なものを、下記の［数値群］から一つ選び、解答欄に記号で答えなさい。

［数値群］

記号	数値	記号	数値	記号	数値
ア	2.4	イ	3	ウ	6
エ	24	オ	30	カ	60

【設問 4】 次の文中の(　　)内に当てはまる最も適切な語句を、下記の［語群］から一つずつ選び、解答欄に記号で答えなさい。ただし、同じ記号を重複して使用してはならない。

通常の操舵のときは、面舵作動の信号を発すると、電磁弁が ON して舵柄を面舵に取り始める。舵柄が目標位置に達すると、電磁弁は OFF となる。この時、舵は潮流による外力を受けるが、(　①　)によって、舵の位置を保持している。また、油圧ポンプは、(　②　)状態に変化する。これは、電磁弁の中央位置を(　③　)の流れの形のスプールにすることによって達成し、作動油の温度上昇を抑えている。

［語群］

記号	語句	記号	語句	記号	語句
ア	オーバロードリリーフ弁	イ	パイロット操作チェック弁	ウ	カウンタバランス弁
エ	カットオフ	オ	フルカットオフ	カ	アンロード
キ	タンデムセンタ	ク	オールポートブロック	ケ	オールポートオープン

問題2

下図は、油圧ショベルの油圧回路図である。この油圧回路図に関する説明文として、誤っているものを［解答群］から四つ選び、解答欄に記号で答えなさい。ただし、同じ記号を重複して使用してはならない。

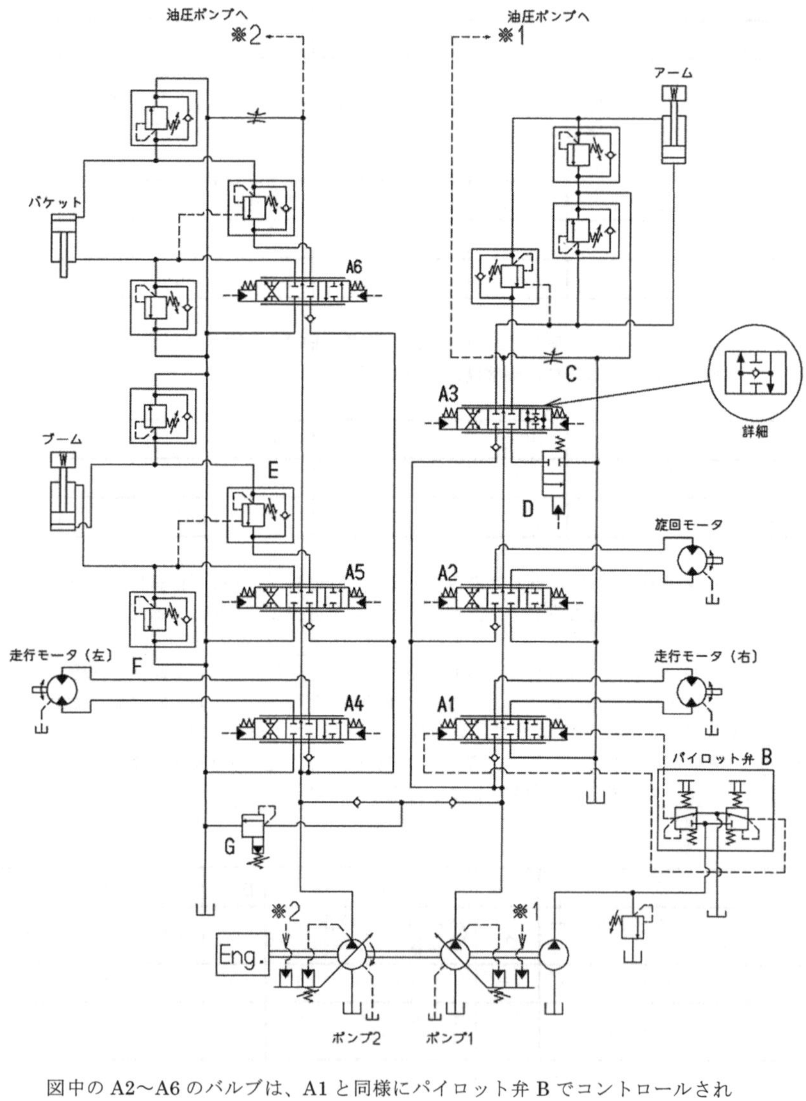

図中の A2～A6 のバルブは、A1 と同様にパイロット弁 B でコントロールされるが、このパイロット弁は、省略して表記していない。

［解答群］

記号	説明文
ア	A1からA3の多連弁はパラレル回路を構成しており、アクチュエータを独立して操作できる。
イ	A4からA6の多連弁はタンデム回路を構成しており、1つのスプールを操作しているときは、それより下流側のアクチュエータを駆動できない。
ウ	A2、A3、A5、A6の多連弁はパラレル回路を構成しており、アクチュエータを同時(複合)に駆動することができない。
エ	パイロット弁Bは操作レバー角度に比例した圧力を発生させることができる。
オ	機器Cはアクチュエータの停止時に、センタバイパス通路の背圧を検知し、油圧ポンプの省エネルギーを図るものである。
カ	機器Dはアームの速度を増速させるためのものである。
キ	油圧ポンプは2連の可変容量形を使用しているが、この油圧ポンプはシャフトを貫通できる斜軸式が一般的である。
ク	機器Eは外部パイロット形と内部パイロット形を併用したカウンタバランス弁であるが、これは回路効率を向上させるのが目的である。
ケ	機器Gはメインリリーフ弁であり、外力によって発生する異常高圧を防止するのが目的である。

問題３

下図はACサーボモータで駆動する閉回路方式の油圧回路図である。この油圧回路図中の①～⑤に当てはまる最も適切な機器を、次の［油圧図記号］から一つずつ選び、解答欄に記号で答えなさい。ただし、同じ記号を重複して使用してはならない。

なお、押しのけ容積は可能な限り小さいものとし、効率、損失等は計算において無視すること。

【条件】

シリンダサイズ	ϕ 100×ϕ 56×200st (mm)
前進速度	100mm／s
後退速度	100mm／s
シリンダ所要推力	前進時、後退時共に 100kN
AC サーボモータ回転数	最高 1800min^{-1} 以下

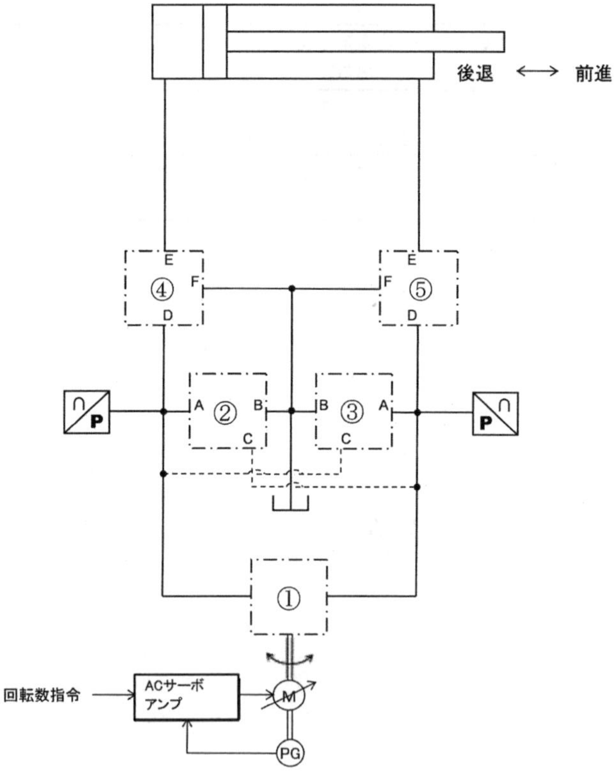

［油圧図記号］

記号	油圧図記号	記号	油圧図記号	記号	油圧図記号
ア	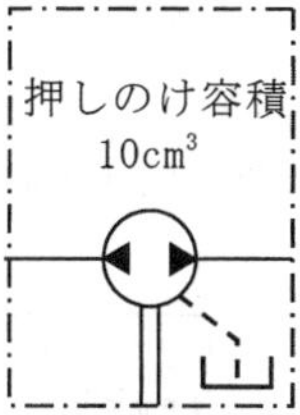	イ	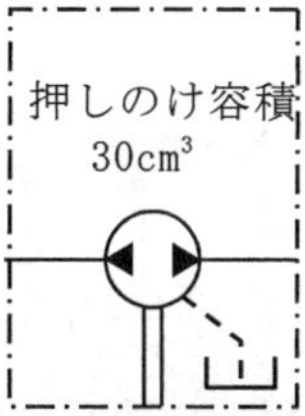	ウ	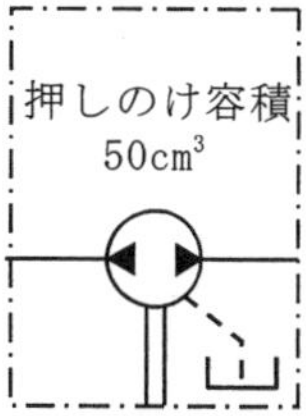
エ	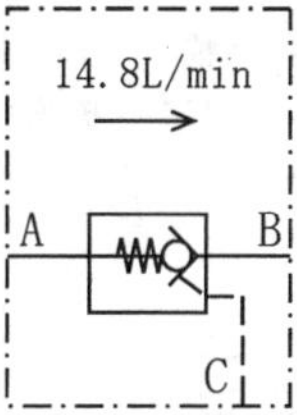	オ	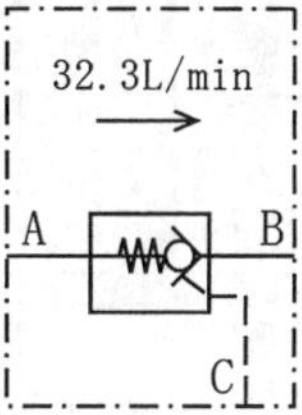	カ	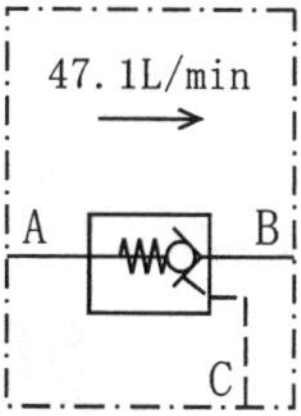
キ	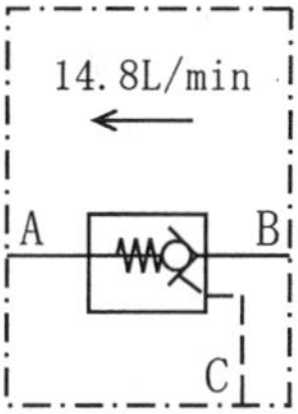	ク	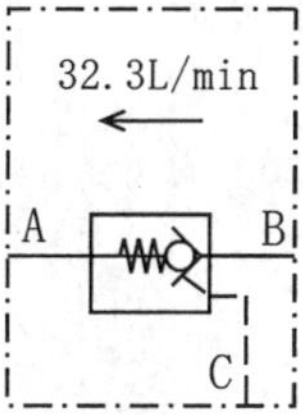	ケ	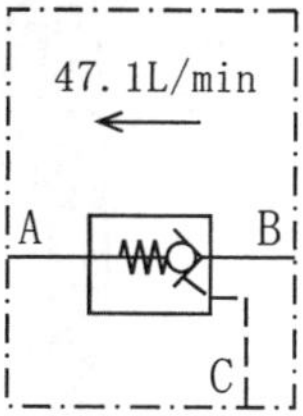
コ	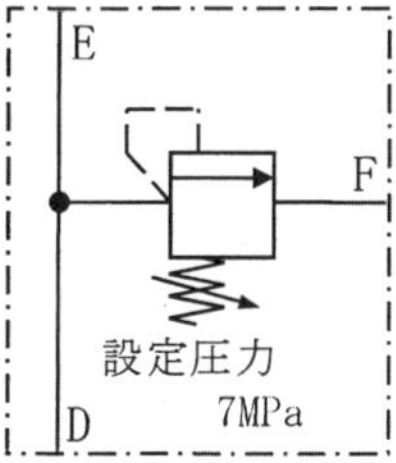	サ	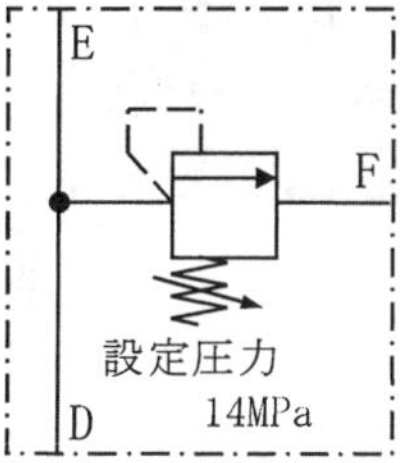	シ	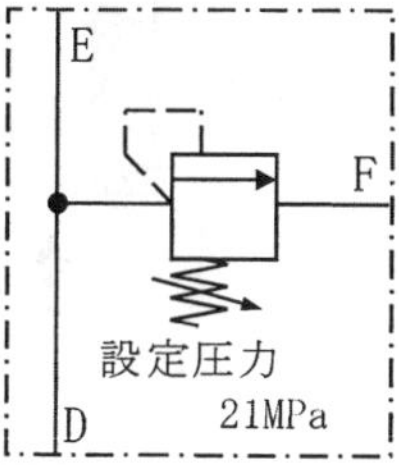

問題4

下図の図 1 と図 2 に、油圧バルブの構造及びその油圧図記号を示す。これについて、次の各設問に答えなさい。

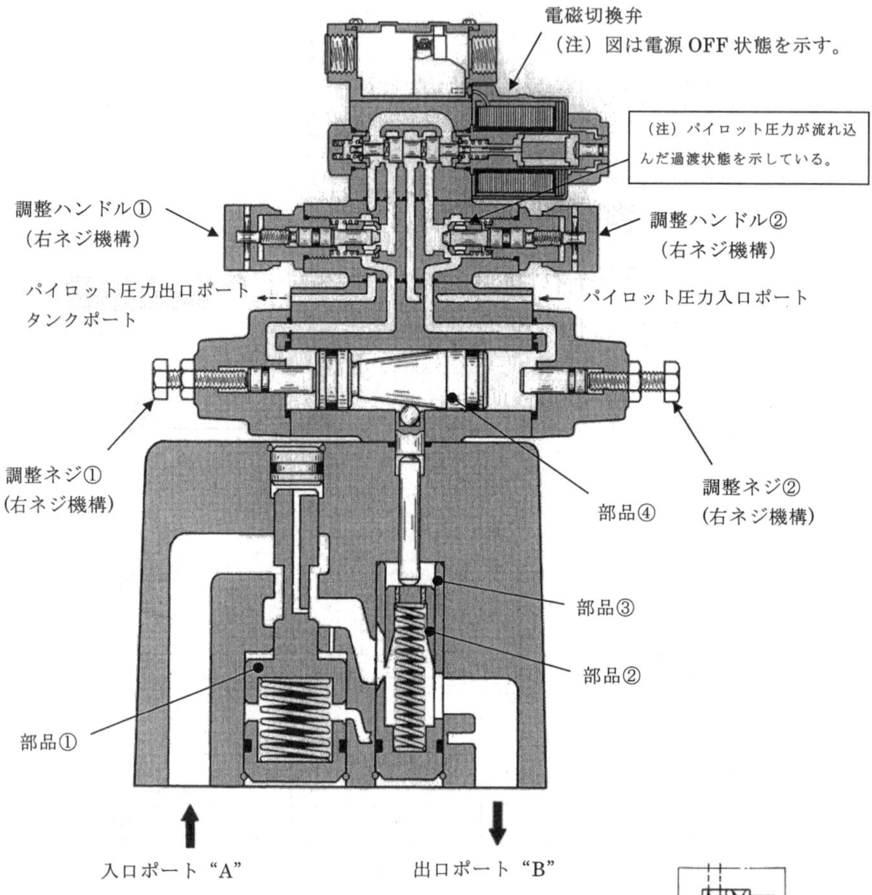

［図 1　油圧バルブ］

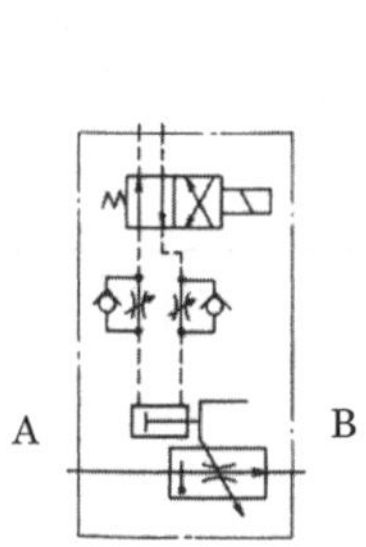

［図 2　油圧図記号］

【設問 1】　次の文中の(　　)内に当てはまる最も適切な語句を、下記の［語群］から、一つずつ選び、解答欄に記号で答えなさい。ただし、同じ記号を重複して使用してはならない。

この油圧バルブは、(　ⓐ　)の絞り量を(　ⓑ　)で選択するもので、電磁切換弁を ON･OFF することによって、シリンダなどのアクチュエータの(　ⓒ　)制御を行うことができるバルブである。

また、この油圧バルブは薄刃オリフィスによる(　ⓓ　)補償付き(　ⓐ　)であることが分かり、部品④の作動は(　ⓔ　)制御されて、スムースに行えるようになっている。

一般に部品①は(　ⓕ　)ピストンと呼ばれており、部品②の絞り部の(　ⓖ　)をほぼ一定値となるように機能している。したがって、入口ポートと出口ポートの圧力が変動しても、通過流量はほぼ一定値となる。

［語群］

記号	語句	記号	語句	記号	語句
ア	流量調整弁	イ	絞り弁	ウ	圧力差
エ	パイロット圧力	オ	メカ式	カ	温度
キ	圧力	ク	圧力・温度	ケ	メータイン
コ	メータアウト	サ	温度補償	シ	2速
ス	可変速	セ	圧力補償	ソ	圧力調整弁

【設問 2】　次の文中の(　　)内に当てはまる最も適切な語句を、下記の［語群］から、一つずつ選び、解答欄に記号で答えなさい。ただし、同じ記号を重複して使用してもよい。

(1) 調整ネジ①は、(　ⓐ　)調整を行い、調整ネジ②は(　ⓑ　)調整を行う。
(2) 調整ネジ①を右回転させると、部品②を通過する流量は(　ⓒ　)する。
(3) 調整ネジ②を右回転させると、部品②を通過する流量は(　ⓓ　)する。
(4) 電磁切換弁を ON させると、部品②を通過する流量は(　ⓔ　)する。
　この時の設定流量は(　ⓕ　)で調整された流量となる。
(5) 調整ハンドル①と②は左回転させると、部品④を(　ⓖ　)切り換えることができる。

［語群］

記号	語句	記号	語句	記号	語句
ア	増加	イ	減少	ウ	大流量
エ	小流量	オ	遅く	カ	速く
キ	調整ネジ①	ク	調整ネジ②	ケ	調整ハンドル①
コ	調整ハンドル②				

問題5

下記の［油圧装置図］について、次の各設問に答えなさい。ただし、一部の配管に誤りがあるため、【設問2】以降の設問については、配管を正しく接続してあるものとして、解答すること。

［油圧装置図］

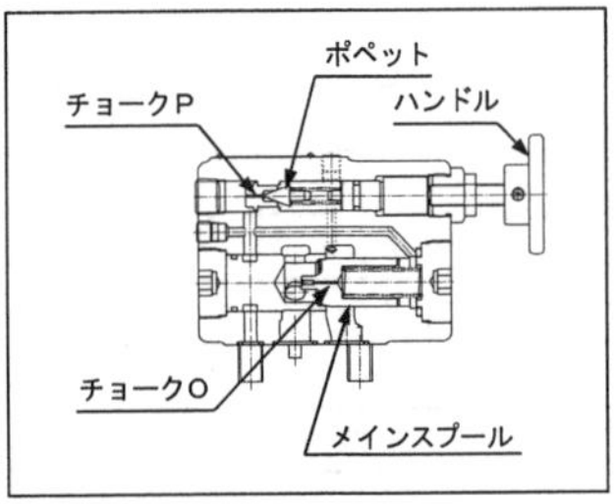

機器Aの拡大図

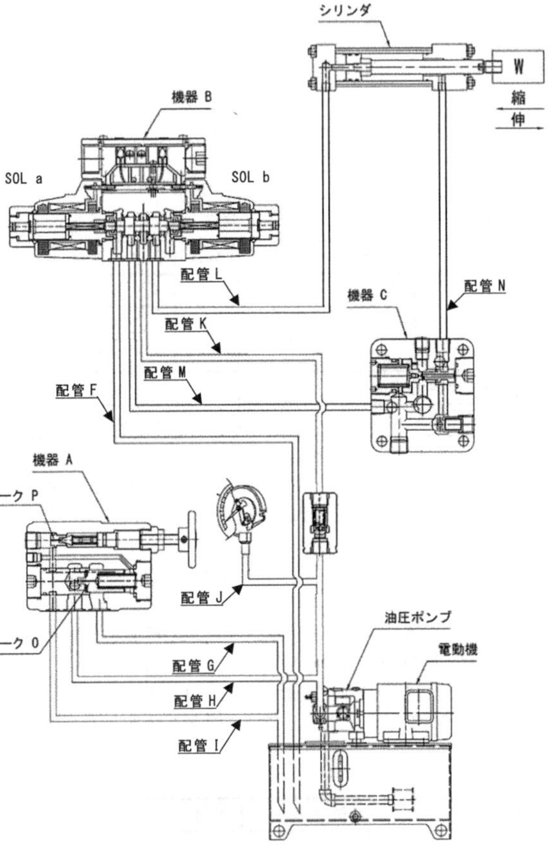

【設問 1】 機器 A～機器 C に該当する名称を、下記の［語群］から一つずつ選び、解答欄に記号で答えなさい。ただし、同じ記号を重複して使用してはならない。

［語群］

記号	名称	記号	名称	記号	名称
ア	直動形リリーフ弁	イ	電磁パイロット形切換弁	ウ	チェック弁
エ	シーケンス弁	オ	パイロット作動形リリーフ弁	カ	減圧弁
キ	チェック弁付流量調整弁	ク	パイロット操作チェック弁	ケ	電磁切換弁

【設問 2】　次の文中の(　　)内に当てはまる適切な語句を、下記の［語群］から一つずつ選び、解答欄に記号で答えなさい。ただし、同じ記号を重複して使用してはならない。

配管の一部が誤配管のため、どの油圧機器を操作しても回路の圧力が上がらなかった。この誤配管は(　①　)であり、正しく直した後、機器 B の SOL a を励磁すると、シリンダは(　②　)方向に動く。また、シリンダが(　②　)ときには、(　③　)回路にて速度制御をしている。

［語群］

記号	語句	記号	語句	記号	語句	記号	語句
ア	配管 F	イ	配管 G	ウ	配管 H	エ	配管 I
オ	配管 J	カ	配管 K	キ	配管 L	ク	配管 M
ケ	配管 N	コ	縮む	サ	伸びる	シ	メータイン
ス	メータアウト	セ	ブリードオフ	ソ	差動		

【設問 3】　機器 A のハンドルを全閉にしても、圧力が設計値まで上昇しなかった。この原因として誤っているものを一つ選び、解答欄に記号で答えなさい。

ア　ポペットが弁座に正しく当たっていなかった。

イ　パイロット弁のばね力が所定値より弱かった。

ウ　メインスプールが本体に固着し、着座していなかった。

エ　チョーク P にゴミが詰っていた。

オ　メインスプールのクリアランスが異常に大きかった。

【設問 4】　この［油圧装置図］でシリンダを伸び方向に動かしたとき、速度が計画値より速かった。この原因として正しいものを一つ選び、解答欄に記号で答えなさい。

ア　機器 A の設定が計画値より低かった。

イ　機器 B の内部漏れが増大していた。

ウ　機器 C のチェック弁のシート部にゴミをかんでいた。

エ　機器 C の可変絞りの開度が小さすぎた。

オ　シリンダのピストンパッキンを組み付け忘れていた。

【設問 5】　機器 A のチョーク O にゴミ等が詰まり、閉塞した場合の現象として、正しいものを一つ選び、解答欄に記号で答えなさい。

ア　シリンダの速度が速くなる。

イ　ピーという高い音色の異常音が発生する。

ウ　圧力が不安定で大きく変動する。

エ　圧力が異常に上昇する。

オ　圧力が設定値まで上昇しない。

【設問 6】　油タンクの作動油に空気が混入した場合の現象として、誤っているものを一つ選び、解答欄に記号で答えなさい。

ア　作動油の劣化を早める。

イ　油圧ポンプの騒音値が低下する。

ウ　機器 A の応答時間が遅くなる。

エ　機器 A の圧力が不安定になる。

オ　油圧装置の振動を誘発する。

油圧装置調整

学科試験問題

令和４年度 技能検定
２級 油圧装置調整 学科試験問題
（油圧装置調整作業）

1. 試験時間　1時間40分
2. 問題数　50題(A群25題、B群25題)
3. 注意事項
   (1) 係員の指示があるまで、この表紙はあけないでください。
   (2) 答案用紙(真偽法と多肢択一法の併用)に検定職種名、作業名、級別、受検番号、氏名を必ず記入してください。
   (3) 係員の指示に従って、問題数を確かめてください。それらに異常がある場合は、黙って手を挙げてください。問題はA群(真偽法)とB群(多肢択一法)とに分かれています。
   (4) 試験開始の合図で始めてください。
   (5) 解答の方法(真偽法と多肢択一法の併用)は次のとおりです。
      イ． A群の問題(真偽法)は、一つ一つの問題の内容が正しいか、誤っているかを判断して解答してください。
      ロ． B群の問題(多肢択一法)は、正解と思うものを一つだけ選んで、解答してください。二つ以上に解答した場合は誤答となります。
      ハ． 答案用紙(マークシート用紙)へ解答する際は、答案用紙に記載されている注意事項に従ってください。
      ニ． 答案用紙の解答欄は、A群の問題とB群の問題とでは異なります。所定の解答欄に、試験問題の題数に応じて解答してください。解答欄はA群は50題まで、B群は25題まで解答できるようになっています。
   (6) 電子式卓上計算機その他これと同等の機能を有するものは、使用してはいけません。
   (7) 携帯電話、スマートフォン、ウェアラブル端末等は、使用してはいけません。
   (8) 試験中、質問があるときは、黙って手を挙げてください。ただし、試験問題の内容、漢字の読み方等に関する質問にはお答えできません。
   (9) 試験終了時刻前に解答ができあがった場合は、黙って手を挙げて、係員の指示に従ってください。
   (10) 試験中に手洗いに立ちたいときは、黙って手を挙げて、係員の指示に従ってください。
   (11) 試験終了の合図があったら、筆記用具を置き、係員の指示に従ってください。

［A群（真偽法）］

1 油圧モータの容積効率は、次式によって表される。ただし、q_v ：流量[L／min]、V_g ：押しのけ容積[cm^3]、n ：回転速度[min^{-1}]とする。

$$\frac{q_v \cdot 10^3}{V_g \cdot n}$$

2 直動形リリーフ弁は、パイロット作動形リリーフ弁に比べて、一般に、応答性は優れている。

3 油圧ポンプの騒音は、主として圧力によって決まり、回転速度の影響を受けない。

4 メータアウト制御回路は、負の負荷の場合でも使用できる。

5 絶対圧力とは、圧力計によって読み取る圧力のことである。

6 ポンプ全効率は、流体出力と軸入力との比である。

7 Cv値・Kv値は、共にバルブの容量係数である。

8 浸透探傷試験を行う場合、検査品の表面の清掃は、布等でよくふき取る程度で十分である。

9 ロックウェル硬さ試験は、正四角すいのダイヤモンド圧子を試料の表面に押し込み、試験力を解除した後、表面に残ったくぼみの対角線長さにより求められる。

10 圧力ピークを計測する場合、ブルドン管式圧力計では計測できないので、圧力変換器などを使用して計測する。

11 油タンクでは、タンク内の圧力をほぼ大気圧に保つことが必要なので、開放型タンク、密閉型タンクのいずれにおいてもエアブリーザは必ず設置されている。

［A群（真偽法）］

12 フランジ取付け方式のシリンダを押し方向に大出力で荷重を掛けて使用するときは、一般に、図Aの方がよい。

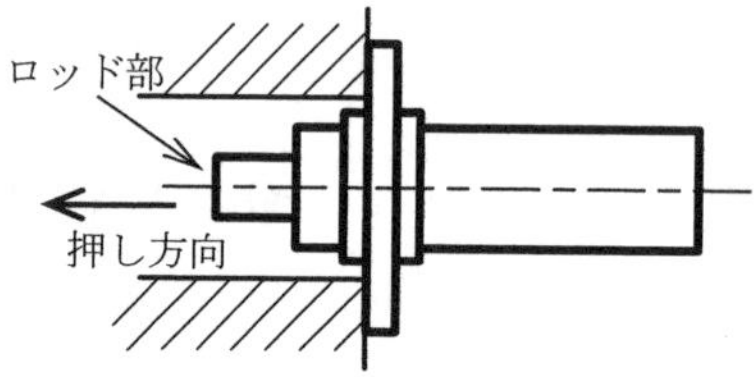

図A

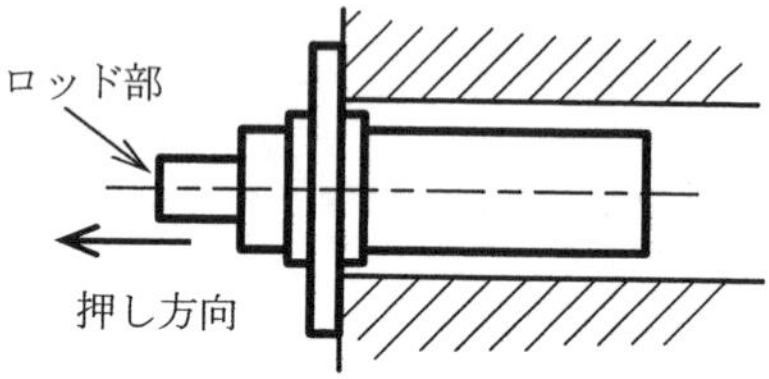

図B

13 管路の空気抜きは、配管の高い位置に設けておくのがよい。

14 油中に気泡が入ると、負荷によるシリンダの沈下量が減少する。

15 吸入ラインのストレーナの容量が小さい場合には、油圧ポンプのキャビテーションを発生することがある。

16 方向切換弁の主スプールとボディとのクリアランスは、100μm程度にするのがよい。

17 連続運転中の油圧装置に設置されている油圧ポンプの本体(ハウジング)温度は、油タンク内の作動油温度とほぼ同じである。

18 高周波焼入れは、一般に、鋼の表面を焼入れする場合に用いられる。

19 焼戻しは、焼割れした部品を修正するために行う熱処理である。

20 日本産業規格(JIS)によれば、下図の図記号は、クーラを表す。

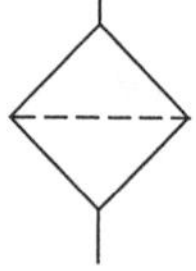

21 日本産業規格(JIS)によれば、下図の図記号は、ヒータを表す。

［A群（真偽法）］

22　直流電源において、電流5A、電圧10Vの場合の電力は50Wである。

23　図Aの三相誘導電動機の結線を、図Bのようにすると回転方向が逆になる。

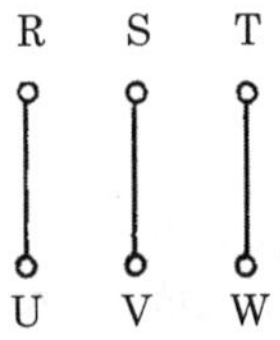

図 A

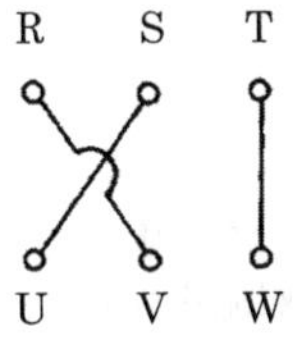

図 B

24　灯油、重油、ギヤ油のうち、引火点の最も高いものは、重油である。

25　労働安全衛生法関係法令によれば、機械間又はこれと他の設備との間に設ける通路については、幅80cm以上のものとしなければならない。

［B群（多肢択一法）］

1　文中の(　　)内に当てはまる語句として、適切なものはどれか。
オリフィスを通過する作動油の流量は、(　　)に正比例する。
イ　前後の差圧力
ロ　油の粘度
ハ　オリフィス開口部の面積
ニ　油の比重量

2　文中の(　　)内に当てはまる語句として、適切なものはどれか。
非圧縮流体の連続の式において、層流状態では、断面積が1／2倍になると流速は(　　)になる。
イ　1／2 倍
ロ　1 倍
ハ　2 倍
ニ　4 倍

3　方向制御弁に関する記述として、誤っているものはどれか。
イ　チェック弁に内蔵されているばねの強さが変わっても、クラッキング圧力は変わらない。
ロ　ロータリ形切換弁は、高圧になるとスプールが一方向に押されて円滑な切り換えが困難になる場合がある。
ハ　アングル形チェック弁とは、一方向からの流れは通すが、逆方向の流れは通さないバルブで、流入方向に対して直角の方向に流出する制御弁である。
ニ　スプール弁は、本体内に設けられた円筒形状の弁体によって、流路を開閉するバルブである。

4　比例電磁式制御弁に関して、サーボ弁と比較した場合の一般的な記述として、誤っているものはどれか。
イ　応答性が優れている。
ロ　フィードバック制御が必要ない。
ハ　弁の構造が簡単である。
ニ　一般の油圧機器と同等の作動油管理でよい。

5　文中の(　　)内に当てはまる語句として、正しいものはどれか。
受圧面積比が2：1のシリンダを差動回路に用いた場合、シリンダの伸び速度は普通の回路の(　　)になる。
イ　1.5 倍
ロ　2.0 倍
ハ　2.5 倍
ニ　4.0 倍

［B群（多肢択一法）］

6 文中の(　　)内に当てはまる語句として、正しいものはどれか。

日本産業規格(JIS)では、(　　)について、「チェック弁、リリーフ弁などでバルブの入口側圧力が降下し、バルブが閉じ始めて、バルブの漏れ量がある規定の量まで減少したときの圧力。」と規定している。

イ　始動圧力

ロ　クラッキング圧力

ハ　レシート圧力

ニ　オーバライド圧力

7 文中の(　　)内に当てはまる語句の組合せとして、次のうち適切なものはどれか。

鉛直に取り付けられたアキュムレータのガス封入圧力は、ブラダが破損しないように、最低作動圧力の(　①　)程度とし、また、最高作動圧力の(　②　)以下にならないように注意する。

	①	②
イ	80～90 %	10 %
ロ	80～90 %	25 %
ハ	65～70 %	10 %
ニ	65～70 %	25 %

8 積層弁の組立てに関する記述として、正しいものはどれか。

イ　複雑な回路構成はできないため、油漏れ、振動、騒音などに起因するトラブルが増加する。

ロ　取付けボルトの締付け力はスプールのスティックに影響するため、適正締付けトルクで締め付けた方がよい。

ハ　配管の組立て時間が大幅に短縮されるが、組立て作業に熟練を要する。

ニ　集中設置されるため、保守点検が難しい。

9 油圧ポンプの運転に関する記述として、誤っているものはどれか。

イ　ピストンポンプは、始動前にハウジングの中へ注油する。

ロ　始動運転では圧力設定を最高にする。

ハ　寸動によって油圧ポンプの回転方向を確認する。

ニ　寸動によって作動油の外部漏れを確認する。

10 流量調整弁でアクチュエータの速度調整をする場合に関する記述として、誤っているものはどれか。

イ　回路中のエア抜きを十分に行う必要がある。

ロ　アクチュエータの飛び出し現象が起こることがある。

ハ　入口圧力に比例してアクチュエータの速度は速くなる。

ニ　シリンダを制御する場合、低速時にスティクスリップが起こることがある。

［B群（多肢択一法）］

11　油圧ポンプの吐出し量不足の原因として、誤っているものはどれか。
　イ　エアレーションを起こしている。
　ロ　吐出し量可変機構が作動不良である。
　ハ　作動油の粘度が低過ぎる。
　ニ　作動油に水分が混入している。

12　工場設備として使用されている油圧ユニットの点検項目のうち、一般に、毎日点検した方が良いものはどれか。
　イ　油圧ポンプの異常音
　ロ　サクションストレーナの付着物
　ハ　油圧ポンプの吸込真空度
　ニ　油圧ポンプのケーシング温度

13　油圧装置の圧力が不安定になる場合における、パイロット作動形リリーフ弁の調査項目として、適切でないものはどれか。
　イ　バランスピストンのチョーク穴の異物の有無
　ロ　パイロット部のポペットの座り
　ハ　パイロットスプリングの自由長
　ニ　パイロット部のポペットの異常摩耗

14　次の作動油のうち、シール・パッキン材質としてニトリルゴムが使用できないものはどれか。
　イ　石油系
　ロ　りん酸エステル系
　ハ　O／Wエマルション系
　ニ　水・グリコール系

15　りん酸エステル系作動油に関する記述として、誤っているものはどれか。
　イ　比重は、1よりも小さい。
　ロ　合成系作動油に分類される。
　ハ　難燃性作動油である。
　ニ　一般に潤滑性は優れている。

16　日本産業規格(JIS)によれば、油圧配管の規格名と記号の組合せとして、誤っているものはどれか。

	規格名	記号
イ	くい込み式管継手用精密炭素鋼鋼管	STPS
ロ	配管用炭素鋼鋼管	STC
ハ	圧力配管用炭素鋼鋼管	STPG
ニ	高圧配管用炭素鋼鋼管	STS

［B群（多肢択一法）］

17　日本産業規格(JIS)によれば、下図の図記号の名称として、正しいものはどれか。

イ　流量計
ロ　回転計
ハ　温度計
ニ　圧力計

18　日本産業規格(JIS)によれば、ねじの区分として、ねじのピッチを山数で表すねじはどれか。

イ　メートル並目ねじ
ロ　メートル細めねじ
ハ　ミニチュアねじ
ニ　管用平行ねじ

19　下図の電気回路における合成抵抗として、正しいものはどれか。

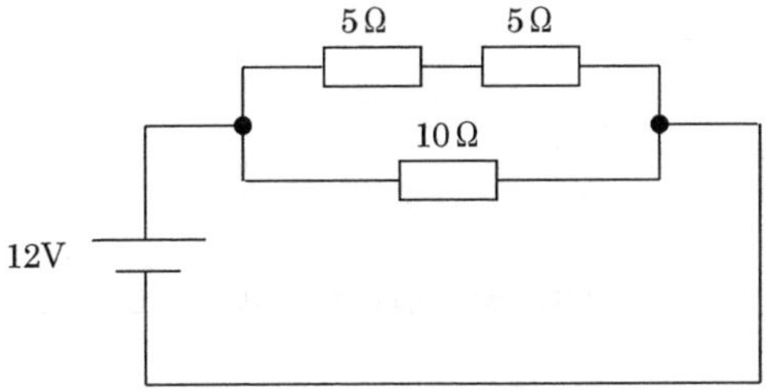

イ　5Ω
ロ　10Ω
ハ　15Ω
ニ　20Ω

20　文中の(　　)内に当てはまる語句として、正しいものはどれか。
三相誘導電動機の同期回転速度は、(　　)に比例する。

イ　電圧
ロ　極数
ハ　すべり
ニ　電源周波数

［B群（多肢択一法）］

21　OR回路の論理式として、正しいものはどれか。ただし、A及びBは入力、Xは出力とする。

イ　$X=A+B$

ロ　$X=A\times B$

ハ　$X=\overline{A+B}$

ニ　$X=\overline{A\times B}$

22　文中の(　　)内に当てはまる語句として、正しいものはどれか。

水・グリコール、O/Wエマルション、W/Oエマルションは難燃性作動油に分類され、(　　)が測定されないので危険物から除外される。

イ　粘度

ロ　流動点

ハ　引火点

ニ　発火点

23　文中の(　　)内に当てはまる語句として、適切なものはどれか。

消防法関係法令によれば、第四種石油類とは1気圧において引火点が(　　)以上250℃未満のものである。

イ　21 ℃

ロ　70 ℃

ハ　200 ℃

ニ　220 ℃

24　容器保安規則によれば、アセチレンガスの容器外面の塗色の区分として、定められているものはどれか。

イ　黒色

ロ　緑色

ハ　かっ色

ニ　ねずみ色

25　労働安全衛生法関係法令によれば、事業所における安全衛生委員会の委員を指名する者として正しいものはどれか。

イ　安全管理者

ロ　衛生管理者

ハ　事業者

ニ　総括安全衛生管理者

令和３年度 技能検定
２級 油圧装置調整 学科試験問題
（油圧装置調整作業）

1. 試験時間　1時間40分
2. 問題数　50題(A群25題、B群25題)
3. 注意事項
   (1) 係員の指示があるまで、この表紙はあけないでください。
   (2) 答案用紙(真偽法と多肢択一法の併用)に検定職種名、作業名、級別、受検番号、氏名を必ず記入してください。
   (3) 係員の指示に従って、問題数を確かめてください。それらに異常がある場合は、黙って手を挙げてください。問題はA群(真偽法)とB群(多肢択一法)とに分かれています。
   (4) 試験開始の合図で始めてください。
   (5) 解答の方法(真偽法と多肢択一法の併用)は次のとおりです。
      イ. A群の問題(真偽法)は、一つ一つの問題の内容が正しいか、誤っているかを判断して解答してください。
      ロ. B群の問題(多肢択一法)は、正解と思うものを一つだけ選んで、解答してください。二つ以上に解答した場合は誤答となります。
      ハ. 答案用紙(マークシート用紙)へ解答する際は、答案用紙に記載されている注意事項に従ってください。
      ニ. 答案用紙の解答欄は、A群の問題とB群の問題とでは異なります。所定の解答欄に、試験問題の題数に応じて解答してください。解答欄はA群は50題まで、B群は25題まで解答できるようになっています。
   (6) 電子式卓上計算機その他これと同等の機能を有するものは、使用してはいけません。
   (7) 携帯電話、スマートフォン、ウェアラブル端末等は、使用してはいけません。
   (8) 試験中、質問があるときは、黙って手を挙げてください。ただし、試験問題の内容、漢字の読み方等に関する質問にはお答えできません。
   (9) 試験終了時刻前に解答ができあがった場合は、黙って手を挙げて、係員の指示に従ってください。
   (10) 試験中に手洗いに立ちたいときは、黙って手を挙げて、係員の指示に従ってください。
   (11) 試験終了の合図があったら、筆記用具を置き、係員の指示に従ってください。

［A群（真偽法）］

1 油圧シリンダの速度は、同一流量の場合、シリンダの受圧面積が大きいほど遅くなる。

2 油圧ポンプの駆動トルクは、回転数が高いほど、そのトルクは大きくなる。ただし、機械効率は無視するものとする。

3 トロコイドギヤを使用した油圧ポンプは、一般に、外接形ギヤポンプである。

4 日本産業規格(JIS)では、差動回路について、「シリンダから排出した流体をタンクに戻さず、シリンダの入口側に流入させ、シリンダの前進速度を増加させる回路。」と規定している。

5 日本産業規格(JIS)によれば、動圧は全圧と静圧との差で、非圧縮性の場合、密度と速度の積に比例する。

6 耐圧力とは、定格圧力を超えた所定の圧力を所定の時間、機器又は配管に加えた後、最高使用圧力に復帰したとき、性能が保証されなければならない圧力のことである。

7 オーバセンタポンプとは、駆動軸の回転方向を変えることなく流れ方向の反転が可能な油圧ポンプをいう。

8 日本産業規格(JIS)では、シリンダゲージについて、「測定子の変位を機械的に直角方向に伝達し、長さの基準と比較することによって、取り付けてあるダイヤルゲージなどの指示器で、測定子の変位を読みとる内径測定器。」と規定している。

9 騒音を測定、分析する場合は、一般に、騒音計、周波数分析器が使用される。

10 日本産業規格(JIS)によれば、音圧レベルはデシベル(dB)で表す。

11 高圧配管用炭素鋼鋼管を曲げるときの曲げ半径は、その管の直径以上あれば十分である。

12 フラッシングにおける洗浄効果は、フラッシング油の流速が速くなるほど大きくなる。

13 リリーフ弁の圧力設定は、油圧ポンプの最高定格圧力の値とする。

14 油中に気泡が入ると、負荷によるシリンダの沈下量が増加する。

15 油圧シリンダのピストンパッキンに、摩耗又は損傷による内部漏れがあっても、速度は変わらない。

［A群（真偽法）］

16 油圧配管のフラッシングの主な目的は、配管内部にあるさびの除去である。

17 流量が一定の場合、リリーフ弁の戻り油の温度は、リリーフ弁を高圧にセットすると低くなる。

18 焼戻しは、焼入れによって硬さが増したものを元の硬さに戻す熱処理のことをいう。

19 高周波焼入れとは、鋼の中心部から表面までを同じように硬化させる熱処理法である。

20 日本産業規格(JIS)によれば、幾何特性に用いる記号のうち、下記の記号は、位置度を表している。

21 日本産業規格(JIS)によれば、下図の図記号は、ヒータを表す。

22 抵抗値R[Ω]の抵抗器に電流I[A]が流れたときに電圧V[V]が発生する場合、抵抗器で消費される電力W[W]は、次式によって表される。

$W = R / V^2$

23 ディジタル制御におけるサンプリング周波数f(Hz)とサンプリング周期T(s)の関係は、下記の式で表される。

$$f = \frac{1}{T}$$

24 ケミカルソリューション形作動油は難燃性作動油に分類される。

25 労働安全衛生法関係法令によれば、玉掛け作業に使用するワイヤーロープの安全係数は、ワイヤーロープの切断荷重の値を、当該ワイヤーロープにかかる荷重の最大の値で除した値としている。

［B群（多肢択一法）］

1　油圧ポンプのキャビテーションの発生原因として、誤っているものはどれか。

イ　吸い込み配管の圧力損失が大きい。

ロ　吸い込み高さが高い。

ハ　作動油の粘度が高い。

ニ　作動油の温度が高い。

2　文中の(　　)内に当てはまる計算式として、正しいものはどれか。

流体の平均速度をV、管路における管の内径をd、流体の動粘度をνとしたとき、レイノルズ数は(　　)で表される。

イ　$\frac{Vd}{\nu}$

ロ　$\frac{V}{d\nu}$

ハ　$\frac{d\nu}{V}$

ニ　$\frac{\nu}{Vd}$

3　流体の流れが制御弁の操作により、急激に変化したときに発生する瞬間的な圧力変化(圧力サージ)に関する記述として、誤っているものはどれか。

イ　圧力サージは、流体の運動エネルギーが圧力エネルギーに変化したものである。

ロ　圧力サージの値は、制御弁の閉操作に要する時間の長さに比例する。

ハ　圧力サージは、その流体中の音の伝搬と同じ速度で伝わる。

ニ　圧力サージの値は、流体の速度の変化量に比例する。

4　積層弁に関する記述として、誤っているものはどれか。

イ　取付スペース、空間スペースを大幅に縮小できる。

ロ　回路の追加や変更が容易にできる。

ハ　バルブ間に配管を要しない。

ニ　組立てに熟練を要する。

5　一般的に、最も省エネルギーとなる制御システムは次のうちどれか。

イ　定容量ポンプの圧力マッチ制御

ロ　油圧ポンプの電気ダイレクト制御

ハ　油圧ポンプの回転速度制御

ニ　ロードセンシング制御

［B群（多肢択一法）］

6　圧力10 MPaで、流量が60 L／min流れるときの油動力はいくらか。
　イ　1 kW
　ロ　10 kW
　ハ　20 kW
　ニ　60 kW

7　日本産業規格(JIS)によれば、ショア硬さを表す際に用いられる記号はどれか。
　イ　HV
　ロ　HBW
　ハ　HR
　ニ　HS

8　下図中のAの名称として、正しいものはどれか。

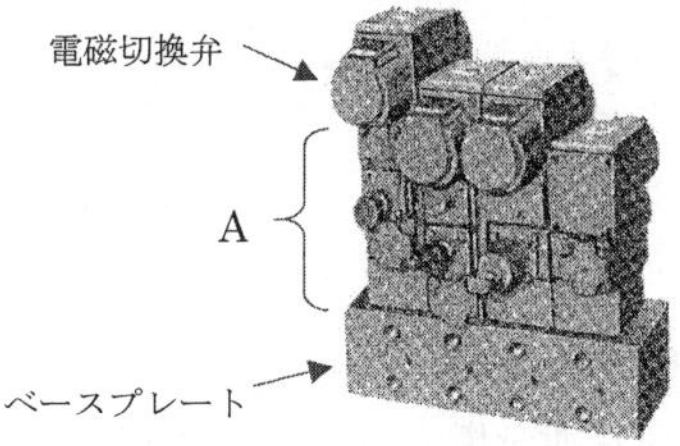

　イ　積層弁
　ロ　カートリッジ弁
　ハ　ロジック弁
　ニ　多連弁

9　油圧装置の試運転調整を行う場合の記述として、誤っているものはどれか。
　イ　フラッシングを行い、配管内の汚染物質を取り除く。
　ロ　電動機の回転方向を確認する。
　ハ　サーボ弁は取り付けたままで、フラッシングを行う。
　ニ　エア抜きを行い、エアによる影響を除く。

10　油圧装置における油温の異常上昇の原因として、誤っているものはどれか。
　イ　圧力制御弁の設定圧力が高過ぎる。
　ロ　油タンク内の油量が不足している。
　ハ　バルブの内部漏れが多くてアンロード時間が短い。
　ニ　管路抵抗が小さい。

［B群（多肢択一法）］

11 油圧ポンプの騒音原因に関する記述として、誤っているものはどれか。

イ 油圧ポンプのオイルシールから空気を吸い込む。

ロ 吸入管が太い。

ハ 油の中に気泡がある。

ニ 油圧ポンプの回転速度が規定値を超えている。

12 工場設備として使用されている油圧ユニットの点検周期の目安として、適切でないものはどれか。

イ	電気系統の絶縁抵抗測定	1回／年
ロ	油圧ポンプの異常音	1回／月
ハ	油タンク内の油面レベル	1回／月
ニ	油タンク内の沈殿水	1回／月

13 石油系作動油の管理項目として、必要でないものはどれか。

イ バクテリアの量

ロ 粘度の変化

ハ 汚染物質の量

ニ 酸価

14 文中の(　　)内に当てはまる語句として、正しいものはどれか。

日本産業規格(JIS)の「工業用潤滑油－ISO粘度分類」では、工業用潤滑油ISO粘度グレードは、(　　)における動粘度に基づいて規定されている。

イ 20 ℃

ロ 30 ℃

ハ 40 ℃

ニ 50 ℃

15 作動油に関する記述として、誤っているものはどれか。

イ 石油系作動油は、大気圧において常温では、8～10%程度の空気を溶解している。

ロ 油中の混入空気は、圧縮性に大きく影響する。

ハ 作動油の体積変化量は、圧縮率に比例する。

ニ 石油系作動油の圧縮率は、水・グリコール系作動油よりも小さい。

16 作動油とシール用ゴム材料の組合せとして、適切でないものはどれか。

	作動油	シール用ゴム材料
イ	石油系作動油	ふっ素ゴム
ロ	脂肪酸エステル系作動油	ふっ素ゴム
ハ	水・グリコール系作動油	ウレタンゴム
ニ	りん酸エステル系作動油	シリコーンゴム

［B群（多肢択一法）］

17　下図のすみ肉溶接において、両側脚長の異なる溶接の表示として、正しいものはどれか。

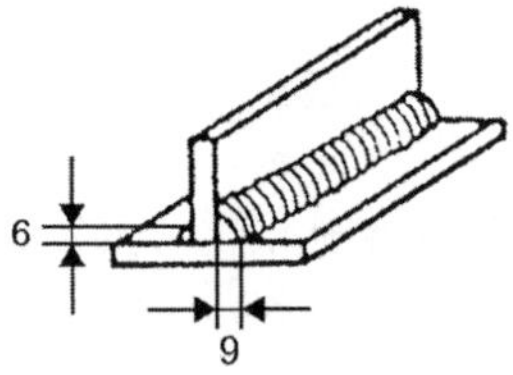

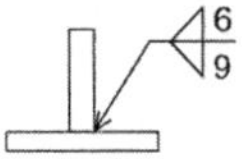

イ

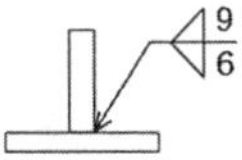

ロ

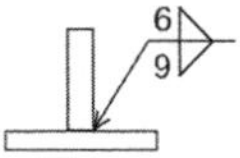

ハ

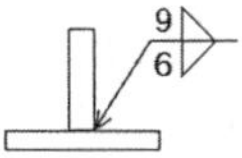

ニ

18　日本産業規格(JIS)によれば、下図の図記号の名称として、正しいものはどれか。

イ　流量計
ロ　回転計
ハ　温度計
ニ　圧力計

19　下図の電気回路における合成抵抗として、正しいものはどれか。

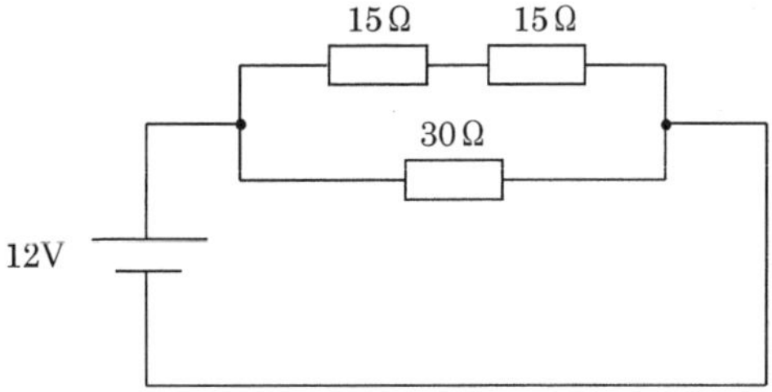

イ　 5Ω
ロ　10Ω
ハ　15Ω
ニ　20Ω

［B群（多肢択一法）］

20　直流ソレノイドの特徴に関する記述として、誤っているものはどれか。

イ　完全吸着していない状態で通電を継続しても、コイルは焼損しない。

ロ　コイルの温度が上昇すると、吸引力は低下する。

ハ　交流ソレノイドに比べ、動作速度が遅い。

ニ　保持電流と起動電流で電流値が異なる。

21　日本産業規格(JIS)によれば、下図の図記号を表した論理式として、正しいものはどれか。

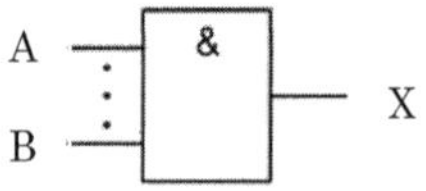

イ　$X= A+B$

ロ　$X= A\times B$

ハ　$X=\overline{A+B}$

ニ　$X=\overline{A\times B}$

22　第4類危険物に関する記述として、誤っているものはどれか。

イ　第4石油類は、1気圧において引火点が150℃以上のものである。

ロ　第3石油類は、1気圧において引火点が70℃以上200℃未満のものである。

ハ　第4石油類のものは、1気圧において温度20℃のとき液体である。

ニ　第3石油類のものは、1気圧において温度20℃のとき液体である。

23　次のうち、第4石油類に分類されるものはどれか。

イ　アセトン

ロ　ギヤ油

ハ　軽油

ニ　灯油

24　文中の(　　)内に当てはまる語句として、正しいものはどれか。

労働安全衛生法関係法令によれば、玉掛けに用いるワイヤロープの安全係数は(　　)以上としなければならない。

イ　2

ロ　3

ハ　4

ニ　6

［B群（多肢択一法）］

25 容器保安規則によれば、窒素ガスの容器外面の塗色の区分として、定められているものはどれか。

イ　黒色
ロ　緑色
ハ　褐色
ニ　ねずみ色

令和２年度 技能検定
２級 油圧装置調整 学科試験問題
（油圧装置調整作業）

1. 試験時間　1時間40分
2. 問題数　50題(A群25題、B群25題)
3. 注意事項

(1)　係員の指示があるまで、この表紙はあけないでください。

(2)　答案用紙(真偽法と多肢択一法の併用)に検定職種名、作業名、級別、受検番号、氏名を必ず記入してください。

(3)　係員の指示に従って、問題数を確かめてください。それらに異常がある場合は、黙って手を挙げてください。問題はA群(真偽法)とB群(多肢択一法)とに分かれています。

(4)　試験開始の合図で始めてください。

(5)　解答の方法(真偽法と多肢択一法の併用)は次のとおりです。

イ．　A群の問題(真偽法)は、一つ一つの問題の内容が正しいか、誤っているかを判断して解答してください。

ロ．　B群の問題(多肢択一法)は、正解と思うものを一つだけ選んで、解答してください。二つ以上に解答した場合は誤答となります。

ハ．　答案用紙(マークシート用紙)へ解答する際は、答案用紙に記載されている注意事項に従ってください。

ニ．　答案用紙の解答欄は、A群の問題とB群の問題とでは異なります。所定の解答欄に、試験問題の題数に応じて解答してください。解答欄はA群は50題まで、B群は25題まで解答できるようになっています。

(6)　電子式卓上計算機その他これと同等の機能を有するものは、使用してはいけません。

(7)　携帯電話、スマートフォン、ウェアラブル端末等は、使用してはいけません。

(8)　試験中、質問があるときは、黙って手を挙げてください。ただし、試験問題の内容、漢字の読み方等に関する質問にはお答えできません。

(9)　試験終了時刻前に解答ができあがった場合は、黙って手を挙げて、係員の指示に従ってください。

(10)　試験中に手洗いに立ちたいときは、黙って手を挙げて、係員の指示に従ってください。

(11)　試験終了の合図があったら、筆記用具を置き、係員の指示に従ってください。

［A群（真偽法）］

1 油が直管の内部を流れる場合、圧力損失は流速に反比例する。

2 シリンダの速度は、同一流量の場合、シリンダの受圧面積が大きいほど速くなる。

3 ブルドン管圧力計は、圧力センサの一種である。

4 油圧モータのランニングトルク効率と始動トルク効率を比較すると、ランニングトルク効率の方が低い。

5 HI－LO(2ポンプ)回路とは、低圧大容量ポンプと高圧小容量ポンプの二つの油圧ポンプを使用し、回路効率を上げる回路である。

6 生分解性作動油は、微生物によって油分がO_2とH_2Oに分解され、環境に悪影響を及ぼさない性質を持ったものである。

7 日本産業規格(JIS)では、フルカットオフについて、「ポンプのカットオフ状態で流量がゼロになること。」と規定している。

8 チャタリングとは、減圧弁、チェック弁、リリーフ弁等で、弁座をたたいて比較的高い音を発する一種の自励振動現象のことである。

9 流量式空気マイクロメータは、微小な変位量を測定する比較測定器である。

10 ビッカース硬さは、鋼材に鋼球を押し込んだときにできるくぼみによって求められる。

11 下図は、ポンプ吸込口の配管方式を示した一例であるが、ユニオン継手の配置は、図Aよりも図Bの方がよい。

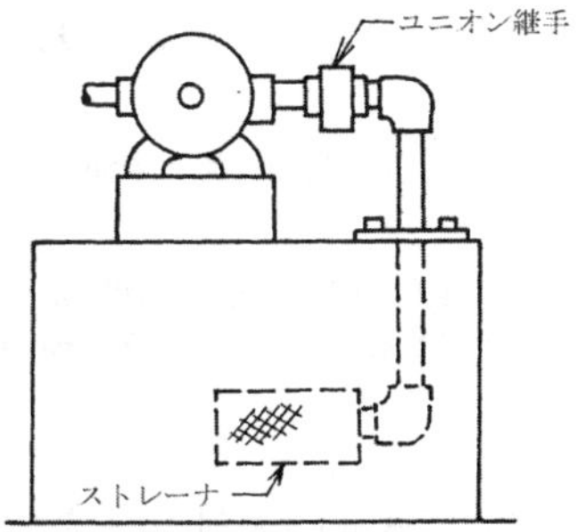

図 A

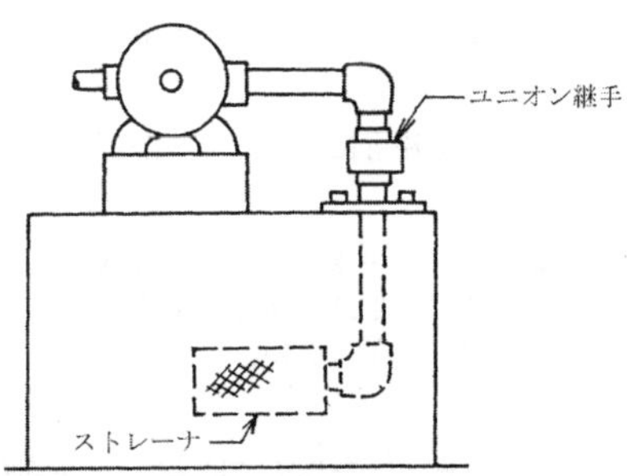

図 B

［Ａ群（真偽法）］

12　定容量形ポンプを用いた回路において、油圧シリンダの速度調整は、リリーフ弁の調整ハンドルを全閉状態にしておく必要がある。

13　油圧ポンプの運転中の騒音が大きいか、あるいは異常音が発生した場合の原因として考えられるものには、空気の吸込み不良、サクションストレーナの目づまり、作動油の粘度が適正でない等がある。

14　ベーンポンプでは、オイルシールから空気を吸い込んでも、吐出量不足になることはない。

15　パイロット作動形リリーフ弁の遠隔操作回路は、一般に、パイロット管路の内部容積が大きすぎると、チャタリングが発生しやすい。

16　オイルシールは、油脂分を十分に除去した状態で組み込むのがよい。

17　日本産業規格(JIS)の「鉄鋼用語(熱処理)」では、焼ならしについて、「オーステナイト化後水冷により急冷する熱処理。」と規定している。

18　日本産業規格(JIS)の「金属製品熱処理用語」では、浸炭について、「鋼製品の中心部の炭素量を増加させるために、浸炭剤中で加熱する処理。」と規定している。

19　日本産業規格(JIS)によれば、流量計は、下図の図記号で表示する。

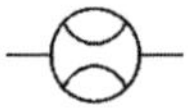

20　日本産業規格(JIS)の機械製図における幾何特性に用いる記号において、「 ◎ 」は真円度を示す記号である。

21　同一材質、同一長さであれば、太い電線は細い電線よりも電気抵抗が大きい。

22　比例電磁式制御弁のソレノイドには、一般に、交流ソレノイドが使用される。

23　消防法関係法令によれば、第四石油類の引火点は、70℃以上200℃未満である。

24　労働安全衛生法関係法令によれば、事業者は、強烈な騒音を発する場所における業務においては、当該業務に従事する労働者に使用させるために、耳栓その他の保護具を備えなければならない。

25　労働安全衛生法関係法令によれば、研削盤において回転する研削といしを取り扱うときは、軍手をはめて行わなければならない。

［B群（多肢択一法）］

1　次の記述のうち、誤っているものはどれか。

イ　薄刃オリフィス形絞りでは、油温が変化しても絞りの通過流量はあまり変化しない。

ロ　管路を作動油が流れるときの流速は、通過流量に比例する。

ハ　オリフィス形絞りの通過流量は、絞り面積とオリフィスの入口の圧力で決まる。

ニ　油温が変化しても流量変化が少ないのは、チョークよりオリフィス形絞りである。

2　比例電磁式制御弁に関する記述として、誤っているものはどれか。

イ　入力電流に比例した流量を制御できるものがある。

ロ　マイコンを搭載したものがある。

ハ　入力電流に比例した圧力を制御できるものがある。

ニ　一般に、サーボ弁よりも応答性がよい。

3　負荷感応システム(ロードセンシング回路)に関する記述として、誤っているものはどれか。

イ　ポンプコントロール方式は、可変容量形ポンプを用いて、吐出量及び圧力を負荷に応じて制御するものである。

ロ　バルブコントロール方式は、定容量形ポンプを用いてポンプの吐出圧力を負荷に応じて追従させて制御するものである。

ハ　負荷感応システムは、省エネルギーのシステムではない。

ニ　ポンプコントロール方式の可変容量形ポンプを用いた場合には、アクチュエータの停止時のポンプの吐出量は見掛け上はゼロになる。

4　文中の(　　)内に当てはまる語句として、正しいものはどれか。

日本産業規格(JIS)では、(　　)について、「流線に平行な面に及ぼす流体の圧力。」と規定している。

イ　背圧

ロ　動圧

ハ　残圧

ニ　静圧

5　ブルドン管圧力計に関する記述として、誤っているものはどれか。

イ　精度等級の許容差は、等級が決まれば目盛範囲内の圧力スパンの全域において一定である。

ロ　精度によって、5等級に分類される。

ハ　精度等級では、0.6級の方が1.0級よりも精度がよい。

ニ　測定する圧力単位は、パスカル(Pa)である。

［B群（多肢択一法）］

6 次の硬さを表す記号のうち、ショア硬さを表す際に用いられるものはどれか。

イ HV

ロ HS

ハ HBW

ニ HRC

7 積層弁に関する記述として、誤っているものはどれか。

イ 組立てが容易である。

ロ 配管が大幅に増大するため、油漏れ、騒音などの配管に起因するトラブルが増える。

ハ バルブを取付ける場合、取付けボルトの締付け力はスプールのスティックに影響する。

ニ 集中設置されるため、保守点検が容易である。

8 ブラダ形アキュムレータに封入するガスとして、最も適切なものはどれか。

イ 酸素

ロ 窒素

ハ 二酸化炭素

ニ 水素

9 作動油中に空気が混入した場合に起こる現象に関する記述として、誤っているものはどれか。

イ 装置の振動を誘発する。

ロ 作動油の劣化を早める。

ハ 圧力が不安定になる。

ニ 油圧ポンプの騒音が低下する。

10 油圧ポンプの始動に関する記述として、誤っているものはどれか。

イ ピストンポンプの初期始動前には、ポンプケース内を作動油で充満させる。

ロ 油圧ポンプ初期始動前は、インチング操作で、ポンプ回転方向が正しいか確認する。

ハ 油圧ポンプ始動時は、油圧ポンプを高圧オンロード状態にし、ポンプ内や油圧回路内のエアをリリーフ弁から抜けやすくする。

ニ 配管内の汚染物質から油圧ポンプを保護するために、油圧ユニットの戻りラインに、ろ過性能β_{12}(C)= 200程度のフィルタを設ける。

［B群（多肢択一法）］

11 油圧ユニットの無負荷運転で異常振動が発生した場合の点検方法として、誤っているものはどれか。ただし、この無負荷運転時のポンプ吐出し油は、方向制御弁のPポートからTポートを通って、油タンクに戻されている状態とする。

イ 油圧ポンプの入力軸・軸継手部の心出し精度を確認する。

ロ サクションストレーナの目詰りを点検する。

ハ 配管サポート等、締結部の緩み点検をする。

ニ リリーフ弁を分解点検する。

12 電動機と油圧ポンプの軸の心出し不良により発生すると考えられる事象として、誤っているものはどれか。ただし、不良の程度は、回転が可能な状態程度のものとする。

イ 油圧ポンプの容積効率低下

ロ 軸受の発熱・摩耗

ハ 軸のオイルシール部からの油漏れ

ニ 油圧ポンプの騒音・振動

13 フィルタの保守･管理上の注意事項に関する記述として、誤っているものはどれか。

イ ペーパのフィルタエレメントの場合は、洗浄再使用ではなく新品と交換する。

ロ フィルタエレメントを洗浄する前には、必ず付着物の確認を行う。

ハ 洗浄液は、使用油が石油系作動油であれば、新品の石油系作動油を用いる。

ニ 金網のフィルタエレメントを洗浄する際は、高速エアを吹き付けて異物を除去するが、ゴミの付着方向の反対側から行う。

14 作動油に要求される性質として、誤っているものはどれか。

イ 必要十分な圧縮性を持つこと。

ロ 必要十分な流動性を持つこと。

ハ 物理的、化学的に安定であること。

ニ 必要十分な潤滑性を持つこと。

15 文中の(　　)内に当てはまる語句として、適切なものはどれか。

石油系作動油の水分混入による一般的な交換基準は、水分混入量(　　)以上である。

イ 0.002 vol%

ロ 0.02 vol%

ハ 0.2 vol%

ニ 2 vol%

［B群（多肢択一法)］

16　油圧配管の規格名と記号の組合せとして、誤っているものはどれか。

	規格名	記号
イ	油圧配管用精密炭素鋼鋼管	STPS
ロ	配管用炭素鋼鋼管	SGP
ハ	圧力配管用炭素鋼鋼管	STPG
ニ	高圧配管用炭素鋼鋼管	STS

17　日本産業規格(JIS)によれば、下図の記号の名称として、正しいものはどれか。

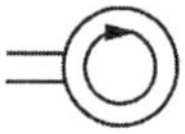

イ　流量計
ロ　回転計
ハ　温度計
ニ　差圧計

18　日本産業規格(JIS)によれば、各ねじに対応する記号の組合せとして、正しいものはどれか。

	メートルねじ	管用テーパおねじ	管用平行ねじ
イ	R	G	M
ロ	G	M	R
ハ	M	R	G
ニ	M	G	R

19　三相誘導電動機に関する記述として、誤っているものはどれか。

イ　7.5kW、200Vの三相誘導電動機には、およそ37.5Aの電流が流れる。
ロ　60Hzで使用していた誘導電動機を50Hzで使用すると、回転速度は遅くなる。
ハ　すべりとは、同期速度と回転子回転速度との差の同期速度に対する比をいい、百分率又は小数で表す。
ニ　三相誘導電動機の始動方法の一つに、スターデルタ始動がある。

20　交流ソレノイドの特徴に関する記述として、誤っているものはどれか。

イ　完全吸着しない状態で通電を継続すれば、コイルが焼損する。
ロ　ストローク位置に関係なくコイルを流れる電流は、ほぼ一定である。
ハ　一般的に直流ソレノイドに比べ、切換速度が速い。
ニ　周囲温度が上昇すれば、吸引力は減少する。

［B群（多肢択一法）］

21　下図の抵抗回路に流れる電流値として、正しいものはどれか。

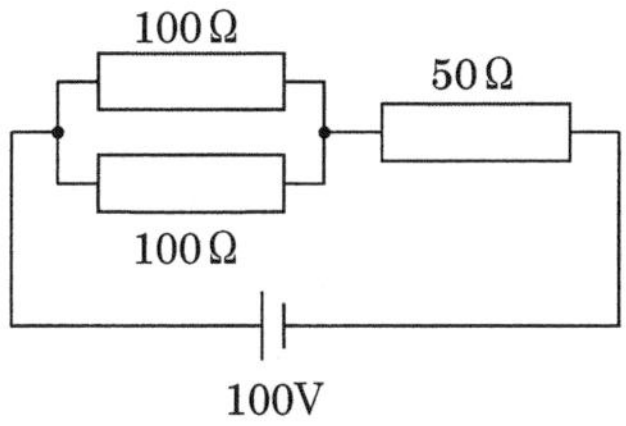

イ　1A
ロ　2A
ハ　10A
ニ　20A

22　文中の(　　)内に当てはまる語句として、適切なものはどれか。
労働安全衛生法関係法令によれば、低圧電気取扱業務における低圧とは、直流は750ボルト以下、交流は(　　)以下をいう。
イ　400 ボルト
ロ　600 ボルト
ハ　1000 ボルト
ニ　1500 ボルト

23　文中の(　　)内に当てはまる語句として、適切なものはどれか。
蒸気又は可燃性ガスが爆発の危険のある濃度に達するおそれのある危険場所で使用する油圧装置は、(　　)としなければならない。
イ　防爆仕様
ロ　全閉仕様
ハ　高圧仕様
ニ　防水仕様

24　文中の(　　)内に当てはまる語句として、正しいものはどれか。
容器保安規則によれば、高圧ガスの容器の外面に表示する塗色の区分は、酸素ガスの場合、(　　)である。
イ　赤色
ロ　黒色
ハ　緑色
ニ　白色

［B群（多肢択一法）］

25　文中の(　　)内に当てはまる語句として、正しいものはどれか。
つり上げ荷重が(　　)未満のクレーンについては、クレーン等安全規則は適用されない。

イ　0.5 トン
ロ　1.0 トン
ハ　1.5 トン
ニ　3.0 トン

令和4年度 技能検定
1級 油圧装置調整 学科試験問題
（油圧装置調整作業）

1. 試験時間　1時間40分
2. 問題数　50題(A群25題、B群25題)
3. 注意事項

(1)　係員の指示があるまで、この表紙はあけないでください。

(2)　答案用紙(真偽法と多肢択一法の併用)に検定職種名、作業名、級別、受検番号、氏名を必ず記入してください。

(3)　係員の指示に従って、問題数を確かめてください。それらに異常がある場合は、黙って手を挙げてください。問題はA群(真偽法)とB群(多肢択一法)とに分かれています。

(4)　試験開始の合図で始めてください。

(5)　解答の方法(真偽法と多肢択一法の併用)は次のとおりです。

イ.　A群の問題(真偽法)は、一つ一つの問題の内容が正しいか、誤っているかを判断して解答してください。

ロ.　B群の問題(多肢択一法)は、正解と思うものを一つだけ選んで、解答してください。二つ以上に解答した場合は誤答となります。

ハ.　答案用紙(マークシート用紙)へ解答する際は、答案用紙に記載されている注意事項に従ってください。

ニ.　答案用紙の解答欄は、A群の問題とB群の問題とでは異なります。所定の解答欄に、試験問題の題数に応じて解答してください。解答欄はA群は50題まで、B群は25題まで解答できるようになっています。

(6)　電子式卓上計算機その他これと同等の機能を有するものは、使用してはいけません。

(7)　携帯電話、スマートフォン、ウェアラブル端末等は、使用してはいけません。

(8)　試験中、質問があるときは、黙って手を挙げてください。ただし、試験問題の内容、漢字の読み方等に関する質問にはお答えできません。

(9)　試験終了時刻前に解答ができあがった場合は、黙って手を挙げて、係員の指示に従ってください。

(10)　試験中に手洗いに立ちたいときは、黙って手を挙げて、係員の指示に従ってください。

(11)　試験終了の合図があったら、筆記用具を置き、係員の指示に従ってください。

［A群（真偽法）］

1　ある高さの容器に液体を満たし、底にある小穴から液体を流出させた場合、その底の小穴から流出する液体の流量は、液体の高さの2乗に比例する。

2　スプール形方向制御弁のスプールに働く流体力は、圧力や流量に関係なく一定である。

3　日本産業規格(JIS)では、積層弁について、「数個の同種のバルブを共通の本体に組み込んで、一体にした形式のバルブユニット。」と規定している。

4　ロジック弁(スリップインカートリッジ弁)のポペットは、圧力差によって作動するので、ポペットの面積比は機能上重要である。

5　油圧モータ駆動ウインチにおいて、荷重が一定の場合、油圧モータの入口と出口の差圧は、巻上げ時及び巻下げ時において共に等しい。

6　マルチバルブ(多連弁)回路で、一つのスプールを操作しているときに、それよりも下流側のスプールを使用できなくする回路を、タンデム回路という。

7　始動トルクとは、油圧モータを特定の条件下で静止状態から始動するとき、油圧モータから取り出される最高トルクのことである。

8　ディザーとは、スプール弁などで、摩擦、固着現象などの影響を減少させて、その特性を改善するために与える1～5Hz程度の比較的低い周波数の振動のことである。

9　器差が＋0.02 mmの外側マイクロメータで測定を行い、読みが160.00 mmであった場合、実寸法は、160.02 mmである。

10　ロックウェル硬さ試験は、試料の表面に落下したハンマのはね上がる高さによって硬さを測定する試験である。

11　アキュムレータの封入ガスは、酸素でも良い。

12　油圧装置の回路において空気抜きを行うことは、断熱圧縮によるシリンダパッキンの劣化防止にも効果がある。

13　油圧シリンダに生じるスティクスリップ現象の最大の原因は、リリーフ弁の圧力不安定現象である。

14　パイロット作動形リリーフ弁のベントポート圧力を遠隔操作する場合、ベント管路の内部容積が大き過ぎるとチャタリングが発生しやすい。

［A群（真偽法）］

15　日本産業規格(JIS)によれば、Oリングに用いる材料の種類のうち、水素化ニトリルゴムを識別記号によって表す場合、ACMが用いられる。

16　日本産業規格(JIS)によれば、下図の図記号は、空気タンクを表す。

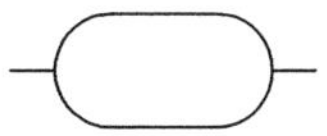

17　交流を直流に変換する回路をインバータ回路と呼ぶ。

18　差動変圧器は、疲労摩耗する個所が少ないため、スプール変位やシリンダ変位を測定する組込み用センサとして広く用いられる。

19　ディジタル制御におけるサンプリング時間は、制御で注目する最大周波数の半周期より、長くしなければならない。

20　交流電動機の回転速度制御の方法の一つとして、周波数制御がある。

21　日本産業規格(JIS)では、空気圧で用いる標準参考空気について、「温度0℃、相対湿度65%、大気圧0.1MPa」と規定している。

22　空気圧フィルタ内にあるディフレクタは、圧縮空気に旋回運動を与える。

23　圧縮空気中の油霧粒子を除去するには、オイルミストセパレータを設置するのが最も効果的である。

24　高圧ガス保安法関係法令によれば、高圧ガス容器の塗色区分では、窒素は緑色である。

25　騒音障害防止のためのガイドラインの対象とする騒音作業において、90dB以上の音が発生する場所で騒音作業に従事する労働者には、耳栓やイヤーマフ等の防音保護具を使用させる。

［B群（多肢択一法）］

1　文中の(　　)内に当てはまる語句として、正しいものはどれか。

日本産業規格(JIS)によれば、戻りラインの配管の場合、導管、管継手及びマニホールドを通る作動流体の速度は、(　　)を超えないことが望ましい。

イ　1.2 m／s

ロ　3 m／s

ハ　4 m／s

ニ　5 m／s

2　非圧縮性流体の場合の動圧に関する記述として、正しいものはどれか。

イ　密度の二乗に比例し、また速度の二乗に比例する。

ロ　密度に比例し、また速度に比例する。

ハ　密度に比例し、また速度の二乗に比例する。

ニ　密度の二乗に比例し、また速度に比例する。

3　油圧ポンプに関する記述として、誤っているものはどれか。

イ　ピストンポンプのピストン本数は、奇数にする方が脈動が大きくなる。

ロ　圧力平衡形ベーンポンプのベアリングには圧力による負荷はかからないが、ギヤポンプのベアリングには大きな負荷がかかる。

ハ　外接形ギヤポンプは、ポンプ軸が回されると、ギヤのかみ合い部が離れるときに空間が生じ、油を自吸する。

ニ　ベーンポンプは、ベーンが摩耗してもカムリングとの間に隙間ができないので、圧力が低下しない。

4　アキュムレータに関する記述として、誤っているものはどれか。

イ　メンテナンス時の補助タンクとして使用する。

ロ　油圧ポンプの吐き出し流量の補助用として使用する。

ハ　長時間の圧力保持用として使用する。

ニ　停電など緊急時の一時的な油圧源として使用する。

5　メータアウト制御回路に関する記述として、誤っているものはどれか。

イ　アクチュエータの速度は、ポンプで制御される。

ロ　流量制御弁をアクチュエータの出口側に設ける制御方式である。

ハ　ポンプからの余剰油は、リリーフ弁から油タンクに戻される。

ニ　負の負荷の場合でも使用できる。

6　文中の(　　)内に当てはまる語句として、適切なものはどれか。

日本産業規格(JIS)では、(　　)について、「ポンプ出口側圧力が設定圧力に近づいたとき、吐出し量制御が働いて、流量を減少させること。」と規定している。

イ　インタフロー

ロ　フルカットオフ

ハ　ブリードオフ

ニ　カットオフ

［B群（多肢択一法）］

7 文中の(　　)内に当てはまる語句として、正しいものはどれか。
日本産業規格(JIS)では、(　　)について、「圧力制御機器で調節した圧力。」と規定している。
　イ　破壊圧力
　ロ　耐圧力
　ハ　最低作動圧力
　ニ　設定圧力

8 ブルドン管圧力計に関する記述として、誤っているものはどれか。ただし、最大圧力が100MPa未満の場合とする。
　イ　圧力単位は、メガパスカル(MPa)又はキロパスカル(kPa)を使用する。
　ロ　精度によって、0.6級、1.0級、1.6級、2.5級及び4.0級の5等級とする。
　ハ　常用圧力の上限は、定圧力に対して最大圧力の4/5以下とする。
　ニ　常用圧力の上限は、変動圧力に対して最大圧力の2/3以下とする。

9 非破壊試験に関する記述として、誤っているものはどれか。
　イ　磁気探傷試験は、鉄鋼製品の表面傷や表層傷の検出に適している。
　ロ　超音波探傷試験は、溶接部や鍛造品などの内部きずの検出に適している。
　ハ　浸透探傷試験は、内部欠陥の検出に適している。
　ニ　放射線透過試験は、鋳物や溶接部の気泡の検査に適している。

10 油圧ユニットを据え付ける時の作業として、必要ないものはどれか。
　イ　接続配管のルートチェック
　ロ　油圧ユニットの設置場所の環境確認
　ハ　使用油圧機器の分解点検
　ニ　アクチュエータの取付け状態確認

11 文中の(　　)内に当てはまる語句として、正しいものはどれか。
日本産業規格(JIS)の「液圧用の鋼線又は繊維補強ゴムホースアセンブリ」において、クラスが210のとき、ホースアセンブリの最小破壊試験圧力は(　　)である。
　イ　14 MPa
　ロ　28 MPa
　ハ　84 MPa
　ニ　140 MPa

［B群（多肢択一法）］

12 アクチュエータの不規則な運動の原因に関する記述として、誤っているものはどれか。

イ 回路中に空気が混入していると、アクチュエータの速度は不安定になりやすい。

ロ シリンダに荷重を載せて上下方向に作動する装置では、微動落下を防ぐためにパイロットチェック弁などを使用するとよい。

ハ 流量調整弁の入口と出口の圧力差が流量調整弁の最低作動差圧よりも低いと、開度を大きくしてもシリンダの速度は変化しない。

ニ シリンダのパッキン抵抗が大きい場合、低圧低速で動かすとスティクスリップを発生する。

13 油圧ポンプの始動に関する記述として、誤っているものはどれか。

イ 始動前に油圧回路構成をチェックし、始動時にアクチュエータが飛び出さないかどうか確認する。

ロ 開回路の始動時は、油圧ポンプの回転方向を確認し、もし逆方向に回転している場合は、吸入側と吐出側の配管を逆に接続する。

ハ 始動時は、油圧ポンプが作動油を吸ったかどうか、ポンプ運転音や吐出圧力を注意深くチェックし判断する。

ニ 始動時の作動油の粘度が適正粘度より高いときは、適正粘度になるまで、低圧でウオーミングアップを行う。

14 文中の(　　)内に当てはまる語句の組合せとして、最も適切なものはどれか。

油タンクは一般に(　①　)で作られ、タンクの容積は、作動中に適当な油面を保持し、装置が正常運転中に発生する(　②　)させ、作動油中の(　③　)やごみ、異物を分離させるのに十分な大きさで、装置を停止したとき管路内の油がタンクに戻ってもあふれないことが必要である。

	①	②	③
イ	鋼板の曲げ加工	空気を発散	水分
ロ	鋼板のプレス加工	水分を発散	気泡
ハ	鋼板の熱間鍛造	固形分を分離	水分
ニ	鋼板溶接	熱を放散	気泡

15 ISO6743-4作動油の分類記号と組成／特性の組合せとして、誤っているものはどれか。

	分類記号	組成／特性
イ	HH	無添加鉱物油
ロ	HM	HHにR&O性を付加
ハ	HFB	W／O乳化型
ニ	HFC	水＋ポリマー

［B群（多肢択一法）］

16　文中の(　　)内に当てはまる語句の組合せとして、正しいものはどれか。
低温で使用される油圧装置の作動油は、(　①　)が重要で、作動油の選択には使用最低温度よりも(　②　)以上(　①　)の低いものを選定する必要がある。

	①	②
イ	凝固点	10 ℃
ロ	凝固点	20 ℃
ハ	流動点	10 ℃
ニ	流動点	20 ℃

17　作動油の圧縮率に関する記述として、誤っているものはどれか。
イ　体積変化量は、圧縮率に比例する。
ロ　圧縮率の逆数は、体積弾性係数と呼ばれる。
ハ　圧縮率は、流体の温度、圧力によって変化する。
ニ　石油系作動油の圧縮率は、水・グリコール系作動油よりも小さい。

18　石油系作動油のシール材として、適切でないものはどれか。
イ　ブチルゴム
ロ　ふっ素ゴム
ハ　ニトリルゴム
ニ　アクリルゴム

19　日本産業規格(JIS)によれば、温度調節器の図記号として、正しいものはどれか。

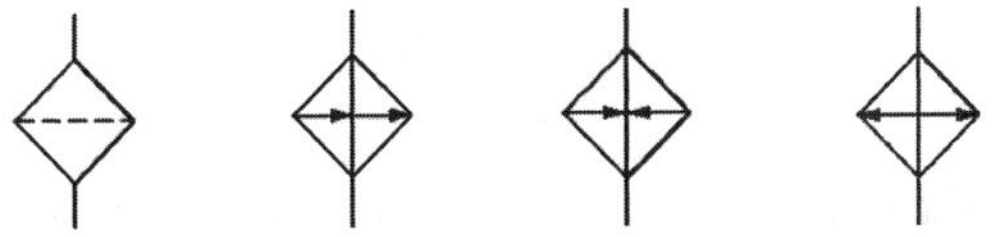

イ　ロ　ハ　ニ

20　日本産業規格(JIS)によれば、空気圧源の図記号として、正しいものはどれか。

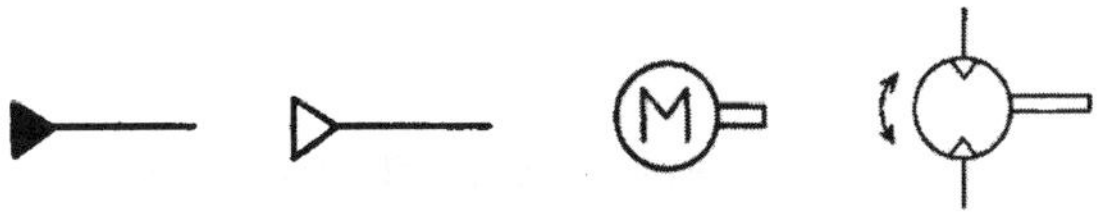

イ　ロ　ハ　ニ

［B群（多肢択一法）］

21　抵抗の測定に用いられる回路として下図のホイートストンブリッジがあり、これは検流計Gの電流が0になるように抵抗Rを調整し、未知の抵抗Xの値を求めるものである。図中のXを求める計算式として、正しいものはどれか。

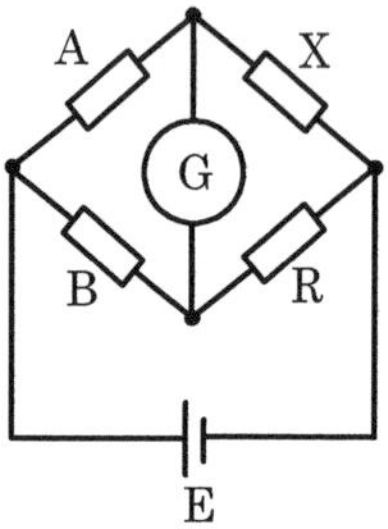

イ　X＝(B×R)／A
ロ　X＝(A×R)／B
ハ　X＝(A×B)／R
ニ　X＝(E×B)／R

22　文中の(　　)内に当てはまる語句として、適切なものはどれか。
日本産業規格(JIS)の「油圧・空気圧システム及び機器－用語」では、(　　)について、「温度 0℃、絶対圧力101.3 kPaでの乾燥気体の状態。」と規定している。
イ　標準状態
ロ　乾燥状態
ハ　飽和状態
ニ　基準状態

23　温度が 0℃の気体が温度上昇して、0℃のときの体積に対して約 3.7%膨張した。上昇温度として適切なものはどれか。ただし、圧力変化はないものとする。
イ　約 1℃
ロ　約 5℃
ハ　約 10℃
ニ　約 20℃

24　文中の(　　)内に当てはまる語句の組合せとして、適切なものはどれか。
消防法関係法令によれば、(　①　)とは、1気圧において引火点が200℃以上250℃未満のものをいい、指定数量は(　②　)である。

	①	②
イ	第三石油類	1000L
ロ	第四石油類	2000L
ハ	第三石油類	4000L
ニ	第四石油類	6000L

［Ｂ群（多肢択一法)］

25 文中の(　　)内に当てはまる語句として、正しいものはどれか。

労働安全衛生法関係法令によれば、架設通路では、墜落の危険のある箇所には、原則、高さ(　　)以上の手すり又はこれと同等以上の機能を有する設備を設けなければならない。

イ　55 cm

ロ　65 cm

ハ　75 cm

ニ　85 cm

令和３年度 技能検定
１級 油圧装置調整 学科試験問題
（油圧装置調整作業）

1. 試験時間　1時間40分
2. 問題数　50題(A群25題、B群25題)
3. 注意事項

(1)　係員の指示があるまで、この表紙はあけないでください。

(2)　答案用紙(真偽法と多肢択一法の併用)に検定職種名、作業名、級別、受検番号、氏名を必ず記入してください。

(3)　係員の指示に従って、問題数を確かめてください。それらに異常がある場合は、黙って手を挙げてください。問題はA群(真偽法)とB群(多肢択一法)とに分かれています。

(4)　試験開始の合図で始めてください。

(5)　解答の方法(真偽法と多肢択一法の併用)は次のとおりです。

イ．　A群の問題(真偽法)は、一つ一つの問題の内容が正しいか、誤っているかを判断して解答してください。

ロ．　B群の問題(多肢択一法)は、正解と思うものを一つだけ選んで、解答してください。二つ以上に解答した場合は誤答となります。

ハ．　答案用紙(マークシート用紙)へ解答する際は、答案用紙に記載されている注意事項に従ってください。

ニ．　答案用紙の解答欄は、A群の問題とB群の問題とでは異なります。所定の解答欄に、試験問題の題数に応じて解答してください。解答欄はA群は50題まで、B群は25題まで解答できるようになっています。

(6)　電子式卓上計算機その他これと同等の機能を有するものは、使用してはいけません。

(7)　携帯電話、スマートフォン、ウェアラブル端末等は、使用してはいけません。

(8)　試験中、質問があるときは、黙って手を挙げてください。ただし、試験問題の内容、漢字の読み方等に関する質問にはお答えできません。

(9)　試験終了時刻前に解答ができあがった場合は、黙って手を挙げて、係員の指示に従ってください。

(10)　試験中に手洗いに立ちたいときは、黙って手を挙げて、係員の指示に従ってください。

(11)　試験終了の合図があったら、筆記用具を置き、係員の指示に従ってください。

［A群（真偽法）］

1 しゅう動平行二面間の粘性抵抗の大きさは、速度の2乗に比例し、すき間の幅に反比例する。

2 日本産業規格(JIS)では、サージ減衰弁について、「流れの過渡的な変動を制限することによって、衝撃を和らげるバルブ。」と規定している。

3 温度補償付流量調整弁には、絞り弁を薄刃オリフィスにして、粘度の影響を少なくしたものがある。

4 日本産業規格(JIS)では、流量調整弁について、「入口圧力又は背圧の変化に関係なく、流量を所定の値に保持することができる圧力補償機能をもつ流量制御弁。」と規定している。

5 閉回路においては、一般に、油温上昇を抑えるために、フラッシング弁を組み込む。

6 ロッキング回路において外気温度が上昇する場合、油の圧縮性及び温度による油の体積変化の関係で、1℃上昇当たり、シリンダ内圧が約1MPa上昇する。ただし、回路は密閉されており、回路内の内部漏れや空気の含有は無いものとする。

7 デコンプレッションとは、プレスなどで、油圧シリンダの圧力を徐々に抜き、機械の損傷の原因となる回路の衝撃を少なくすることをいう。

8 日本産業規格(JIS)では、油圧モータの始動トルクについて、「モータを特定の条件の下で静止状態から始動するとき、モータから取り出される最低トルク。」と規定している。

9 器差が＋0.02 mmの外側マイクロメータで測定を行ったとき、読みが160.00 mmであった。実寸法は、159.98 mmである。

10 日本産業規格(JIS)によれば、研削といし用研削材の粒度において、＃1000は精密研磨用微粉に区分される。

11 フラッシング作業中はフラッシング油のサンプリング、フィルタエレメントの目詰まりチェックを行う。

12 圧力補償制御付可変容量形ポンプの保持圧力設定値は、ポンプ吐出側に安全弁がある場合、安全弁の設定値と同一の設定値にする必要がある。

13 油圧装置は、各々の油圧機器が正常でも油圧ポンプとの共振によって、異常な騒音を発生することがある。

14 オイルシールは、油脂分を十分に除去した状態で組み込むのがよい。

［A群（真偽法）］

15　調質とは、焼入れ後、比較的高い温度で焼戻して、マルテンサイト組織にする処理のことである。

16　下図の図記号は、シーケンス弁を表す。

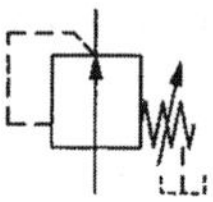

17　下図の電気回路における抵抗の接続は、直列接続である。

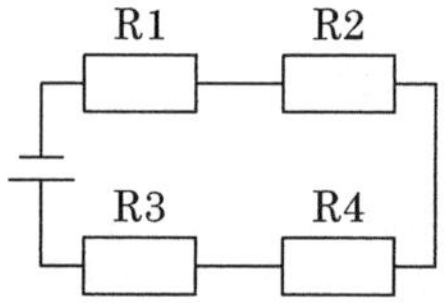

18　ディジタル制御におけるサンプリング周期は、制御で注目する最大周波数の半周期より、短くしなければならない。

19　日本産業規格(JIS)では、AD変換について、「アナログ信号をディジタル信号に変換すること。」と規定している。

20　三相誘導電動機の回転速度は、次式によって表される。ただし、三相誘導電動機の回転速度：N(min^{-1})、電源周波数：f(Hz)、電動機極数：P、電動機のすべり：s とする。

$$N=\frac{120f}{P}(1-s)$$

21　ボイル・シャルルの法則では、気体の圧力と体積との積が、絶対温度に正比例する。

22　空気圧フィルタやルブリケータには、合成樹脂を用いたものが多く、アルコール、シンナーなどの有機溶剤で清掃してはならない。

23　圧縮空気中の油霧粒子を除去するには、空気圧フィルタを設置するのが最も効果的である。

24　容器保安規則によれば、高圧ガス容器の塗色区分において、水素ガスはねずみ色である。

25　労働安全衛生法関係法令によれば、玉掛用ワイヤロープは、直径の減少が公称径の10パーセントまでであれば使用してよい。

［B群（多肢択一法）］

1　管内を流れる流体のレイノルズ数に関する記述として、誤っているものはどれか。

イ　5000であれば、流れは乱流である。

ロ　単位は、(m／s)で表される。

ハ　動粘度に反比例する。

ニ　管内径に比例する。

2　文中の(　　)内に当てはまる語句として、正しいものはどれか。

日本産業規格(JIS)によれば、導管、管継手及びマニホールドを通る作動流体の速度は、吸込みラインにおいて(　　)を超えないことが望ましい。

イ　5 m／s

ロ　1.2 m／s

ハ　5 m／min

ニ　1.2 m／min

3　文中の(　　)内に当てはまる語句として、誤っているものはどれか。

ロジック弁(スリップインカートリッジ弁)は、シートタイプであるため、(　　)。

イ　一般に応答性が悪い

ロ　内部漏れが非常に少ない

ハ　ハイドロリックロックがない

ニ　オーバラップがない

4　次のうち、圧力制御弁でないものはどれか。

イ　アンロード弁

ロ　カウンタバランス弁

ハ　シーケンス弁

ニ　シャトル弁

5　カウンタバランス弁に関する記述として、誤っているものはどれか。

イ　カウンタバランス弁は、アクチュエータに背圧を与え、供給油量に対応した速度を維持する圧力制御弁である。

ロ　カウンタバランス弁で負荷を保持する回路では、一般に、内部パイロット形は外部パイロット形よりも回路効率がよい。

ハ　カウンタバランス弁で負荷保持を確実に行うために、パイロットチェック弁を設け負荷保持することがある。

ニ　カウンタバランス弁のパイロット方式には、内部パイロット方式と外部パイロット方式と内部・外部パイロット方式がある。

［B群（多肢択一法）］

6　文中の(　　)内に当てはまる語句として、正しいものはどれか。

日本産業規格(JIS)では、(　　)について、「定格圧力を超えた所定の圧力を所定の時間、機器又は配管に加えた後、最高使用圧力に復帰したとき、性能が保証されなければならない圧力。」と規定している。

イ　破壊圧力

ロ　耐圧力

ハ　最低作動圧力

ニ　設定圧力

7　文中の(　　)内に当てはまる語句として、正しいものはどれか。

日本産業規格(JIS)では、(　　)について、「ポンプ出口側圧力が設定圧力に近づいたとき、吐出し量制御が働いて、流量を減少させること。」と規定している。

イ　制御流れ

ロ　インタフロー

ハ　カットオフ

ニ　フルカットオフ

8　ブルドン管圧力計に関する記述として、誤っているものはどれか。

イ　圧力単位は、メガパスカル(MPa)又はキロパスカル(kPa)を使用する。

ロ　精度によって0.6級、1.0級、1.6級、2.5級及び4.0級の5等級がある。

ハ　精度等級の許容誤差は、等級が決まれば、目盛り範囲内の圧力スパンの全域において一定である。

ニ　同じ圧力における、加圧のときと減圧のときの読みの差を、ヒステリシス差という。

9　文中の(　　)内に当てはまる語句の組合せとして、次のうち、適切なものはどれか。

アキュムレータのガス封入では、ブラダの寿命を長くするために、ガスの封入圧力は、ブラダが作動油の排出中に油口のバルブに噛《か》み込まないよう、(　①　)程度とし、また、(　②　)以下にならないように注意する。

	①	②
イ	最高作動圧力の80～90%	最低作動圧力の25%
ロ	最低作動圧力の80～90%	最高作動圧力の25%
ハ	最高作動圧力の80～90%	最低作動圧力の10%
ニ	最低作動圧力の80～90%	最高作動圧力の10%

10　日本産業規格(JIS)の「液圧用の鋼線又は繊維補強ゴムホースアセンブリ」によれば、最高使用圧力が14MPaの油圧ゴムホースの最小破壊試験圧力として、適切なものはどれか。

イ　28 MPa

ロ　42 MPa

ハ　56 MPa

ニ　68 MPa

［B群（多肢択一法）］

11 配管フラッシングに関する記述として、誤っているものはどれか。

イ フラッシング時の作動油には、専用のフラッシング油の使用が望ましい。

ロ フラッシング時の作動油の流れは、層流状態が望ましいので、高粘度・低温状態での運転が必要である。

ハ 管内の溶接スケールやさびを除去する目的で酸洗処理を実施した後に、フラッシング作業を行うことが望ましい。

ニ 配管フラッシングの目的は、組立て時に混入した汚染物質及び運転中に発生した汚染物質を流出させて取り除くことである。

12 ピストンポンプの始動運転時の操作に関する記述として、誤っているものはどれか。

イ ハウジング内の作動油を抜く。

ロ 圧力設定を最低にする。

ハ インチング運転を行う。

ニ なじみ運転を行う。

13 リリーフ弁に関する記述として、誤っているものはどれか。

イ リリーフ弁の圧力設定後、オンロード、アンロードを繰り返し、設定圧力の安定性を調べるとよい。

ロ メインリリーフ弁の設定圧力と、回路内のシーケンス弁、減圧弁の設定圧力との差は、一般に、0.1MPa程度あればよい。

ハ パイロット作動形リリーフ弁の最低調整圧力は、0.5～1MPa程度である。

ニ リリーフ弁への供給油量が極端に少ないと、圧力不安定の原因になる。

14 油圧ポンプの騒音対策に関する記述として、誤っているものはどれか。

イ 油圧ポンプの入口、出口にフレキシブルホースを使用する。

ロ 戻り油を直接ポンプが吸い込まないように、油タンク内に仕切板を設ける。

ハ 吸入配管をできるだけ太くする。

ニ 作動油の粘度を高くする。

15 次の油圧作動油のうち、比重が最も大きいものはどれか。

イ 石油系作動油

ロ 水・グリコール系作動油

ハ O／W形エマルション系作動油

ニ りん酸エステル系作動油

16 次の工業用潤滑油のISO粘度グレード番号のうち、建設機械の作動油として一般に使用されているものはどれか。

イ ISO VG 10

ロ ISO VG 46

ハ ISO VG 150

ニ ISO VG 1000

［B群（多肢択一法）］

17　作動油に関する記述として、誤っているものはどれか。

イ　作動油のISO粘度グレードは、40℃のときの動粘度(mm^2／s)で表される。

ロ　石油系作動油は、一般に、圧力が高くなると粘度は高くなる。

ハ　温度変化による粘度変化が大きいほど粘度指数は大きくなる。

ニ　石油系作動油は、りん酸エステル系作動油と比較して粘度指数が大きい。

18　文中の(　　)内に当てはまる語句として、正しいものはどれか。

日本産業規格(JIS)の「鉄鋼用語(熱処理)」では、(　　)について、「鉄鋼製品を静止空気中よりもより迅速に冷却することからなる操作。」と規定している。

イ　焼入れ

ロ　焼ならし

ハ　焼なまし

ニ　焼戻し

19　文中の(　　)内に当てはまる語句として、正しいものはどれか。

日本産業規格(JIS)の「加工方法記号」によれば、加工方法が中ぐりの場合、記号は(　　)である。

イ　B

ロ　D

ハ　L

ニ　M

20　日本産業規格(JIS)によれば、下図の図記号の名称として、正しいものはどれか。

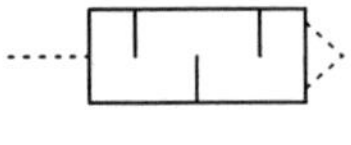

イ　ダブルフィルタ

ロ　消音器

ハ　音響表示要素

ニ　音響式表示器

［Ｂ群（多肢択一法）］

21　論理回路のNAND回路を下図のリレー回路で構成するとき、［　　］内に当てはまる正しい回路はどれか。ただし、A、Bが入力、Xが出力であるものとする。

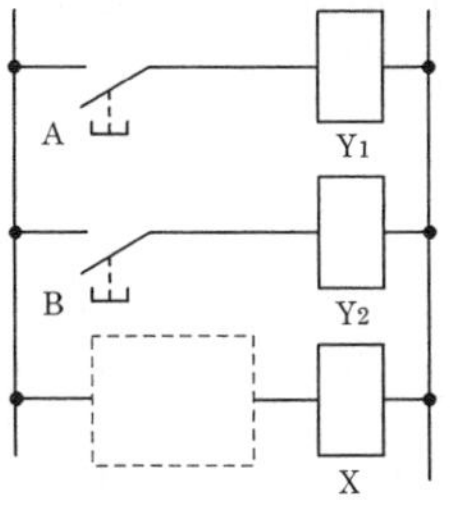

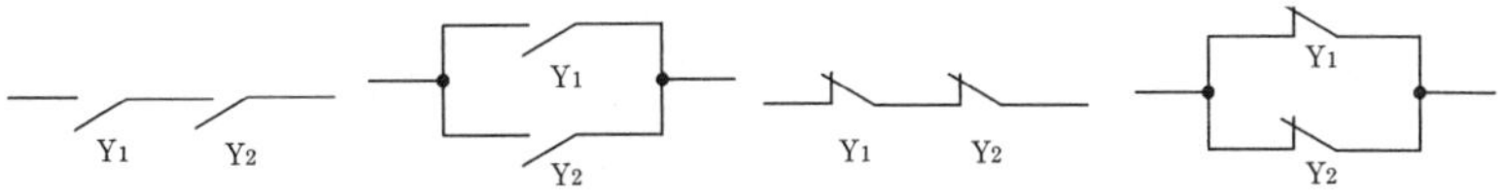

イ　　　ロ　　　ハ　　　ニ

22　文中の(　　)内に当てはまる語句として、適切なものはどれか。

日本産業規格(JIS)の「油圧・空気圧システム及び機器－用語」によれば、温度20℃、絶対圧力101.3kPa、相対湿度65％の空気の状態を(　　)という。

イ　標準状態

ロ　乾燥状態

ハ　飽和状態

ニ　基準状態

23　文中の(　　)内に当てはまる語句として、適切なものはどれか。

30 ℃において全容積10 Lのアキュムレータにガスを5 MPaで封入し、その後、0 ℃時にガスの容積を1／2に圧縮した。このとき、ガスの圧力は約(　　)となる。

イ　6 MPa

ロ　9 MPa

ハ　12 MPa

ニ　15 MPa

24　文中の(　　)内に当てはまる語句の組合せとして、正しいものはどれか。

労働安全衛生法関係法令によれば、低圧電気取扱業務でいう低圧とは、直流は(　①　)以下、交流は(　②　)以下をいう。

	①	②
イ	600 V	600 V
ロ	600 V	750 V
ハ	750 V	600 V
ニ	750 V	750 V

［B群（多肢択一法）］

25　文中の(　　)内に当てはまる語句として、正しいものはどれか。

労働安全衛生法関係法令では、機械間等の通路について、「事業者は、機械間又はこれと他の設備との間に設ける通路については、幅(　　)以上のものとしなければならない。」と規定している。

イ　50 cm

ロ　60 cm

ハ　70 cm

ニ　80 cm

令和2年度 技能検定
1級 油圧装置調整 学科試験問題
（油圧装置調整作業）

1. 試験時間　1時間40分
2. 問題数　50題(A群25題、B群25題)
3. 注意事項
   (1) 係員の指示があるまで、この表紙はあけないでください。
   (2) 答案用紙(真偽法と多肢択一法の併用)に検定職種名、作業名、級別、受検番号、氏名を必ず記入してください。
   (3) 係員の指示に従って、問題数を確かめてください。それらに異常がある場合は、黙って手を挙げてください。問題はA群(真偽法)とB群(多肢択一法)とに分かれています。
   (4) 試験開始の合図で始めてください。
   (5) 解答の方法(真偽法と多肢択一法の併用)は次のとおりです。
      イ． A群の問題(真偽法)は、一つ一つの問題の内容が正しいか、誤っているかを判断して解答してください。
      ロ． B群の問題(多肢択一法)は、正解と思うものを一つだけ選んで、解答してください。二つ以上に解答した場合は誤答となります。
      ハ． 答案用紙(マークシート用紙)へ解答する際は、答案用紙に記載されている注意事項に従ってください。
      ニ． 答案用紙の解答欄は、A群の問題とB群の問題とでは異なります。所定の解答欄に、試験問題の題数に応じて解答してください。解答欄はA群は50題まで、B群は25題まで解答できるようになっています。
   (6) 電子式卓上計算機その他これと同等の機能を有するものは、使用してはいけません。
   (7) 携帯電話、スマートフォン、ウェアラブル端末等は、使用してはいけません。
   (8) 試験中、質問があるときは、黙って手を挙げてください。ただし、試験問題の内容、漢字の読み方等に関する質問にはお答えできません。
   (9) 試験終了時刻前に解答ができあがった場合は、黙って手を挙げて、係員の指示に従ってください。
   (10) 試験中に手洗いに立ちたいときは、黙って手を挙げて、係員の指示に従ってください。
   (11) 試験終了の合図があったら、筆記用具を置き、係員の指示に従ってください。

［A群（真偽法）］

1　スプール形方向切換弁の操作力は、一般に、切換弁前後の圧力差が大きくなると小さくなる。

2　絞り弁は、負荷の圧力変動によって流量が変化する特性を持っている。

3　ロジック弁(スリップイン式カートリッジ弁)は、基本的に、カバー、スリーブ、ポペット、ばねで構成され、ブロック内に組み込まれる2ポート弁である。

4　アキュムレータの吐出し量は、一般に、断熱変化よりも等温変化の方が少ない。

5　流量制御弁をメータインで使用する場合には、アクチュエータ出口側に背圧が発生するので、負の負荷の場合でも速度制御ができる。

6　ACサーボモータ駆動による定容量形ポンプの回転速度制御では、圧力制御及び流量制御が可能である。

7　スプール弁などで、バルブが中立点にあるときに既にポートが開いており、流体が流れるような重なりの状態を、オーバラップという。

8　日本産業規格(JIS)では、オーバセンタポンプについて、「駆動軸の回転方向を変えることなく流れ方向の反転が可能なポンプ。」と規定している。

9　日本産業規格(JIS)によれば、ブルドン管圧力計の指示値の最大許容誤差は、精度等級に関係なく±1.5%である。

10　日本産業規格(JIS)によれば、ダイヤルゲージの戻り誤差とは、行き方向と戻り方向の同一測定点で評価した誤差のことである。

11　一般に、圧力制御弁のドレン配管を戻り配管と結合して油タンクに戻しても、その機器の特性には影響がない。

12　油圧回路中、油圧ポンプと切換弁との間にメインリリーフ弁が設けられ、切換弁とシリンダ間にオーバロードリリーフ弁が付けられている場合、異音発生を防止するには、設定圧力を同じにするとよい。

13　油圧ポンプの容積効率が悪くなると、油温の上昇の原因となる。

14　直流形の電磁切換弁(電磁弁)のスプールにゴミ等が挟まり、切換不良を起こすとコイルが焼損する原因となる。

［A群（真偽法）］

15　日本産業規格(JIS)によれば、ふっ素ゴムのOリングの材料識別記号は、HNBRである。

16　日本産業規格(JIS)によれば、下図の記号は、ガス容器を表している。

17　直流形の電磁切換弁（電磁弁）を切換えたときは、保持電流の5～7倍程度の起動電流が流れる。

18　アナログ信号をディジタル信号に変換することをDA変換という。

19　三相誘導電動機で駆動する油圧ポンプでは、負荷時の吐出量は、ポンプ容積効率と電動機のすべりを考慮する必要がある。

20　差動変圧器は、1次コイルに直流の一定電圧を印加したとき、可動鉄心の変位に応じた電圧を2次コイルから出力されることを応用したものである。

21　ゲージ圧200kPaの空気を等温状態で1/2の体積に圧縮した場合、圧縮後のゲージ圧は600kPaとなる。

22　空気圧フィルタ内にあるバッフルは、圧縮空気に旋回運動を与える。

23　有機溶剤のある環境で空気圧フィルタを使用する際は、ポリカーボネートなどの樹脂製ケースを使用するとよい。

24　容器保安規則によれば、高圧ガスの容器の塗色区分において、酸素ガスは黒色である。

25　労働安全衛生法関係法令によれば、機械間又はこれと他の設備との間に設ける通路については、幅80cm以上としなければならない。

［B群（多肢択一法）］

1　文中の(　　)内に当てはまる語句の組合せとして、適切なものはどれか。

粘度指数の(　①　)作動油は、低温時粘度が(　②　)し、管路抵抗が大きくなる。

	①	②
イ	高い	増加
ロ	高い	低下
ハ	低い	増加
ニ	低い	低下

2　文中の(　　)内に当てはまる語句として、正しいものはどれか。

日本産業規格(JIS)によれば、高圧ラインの配管の場合、導管、管継手及びマニホールドを通る作動流体の速度は、(　　)を超えないことが望ましい。

イ　1.2 m／s

ロ　3 m／s

ハ　4 m／s

ニ　5 m／s

3　文中の(　　)内に当てはまる語句として、最も適切なものはどれか。

電磁切換弁の本体とスプールの隙間は、一般に、(　　)である。

イ　0.001～0.002 mm

ロ　0.01～0.02 mm

ハ　0.1～0.2 mm

ニ　1.0～2.0 mm

4　文中の(　　)内に当てはまる語句として、正しいものはどれか。

絞り弁は(　　)の一種である。

イ　流量制御弁

ロ　圧力制御弁

ハ　方向制御弁

ニ　比例制御弁

5　次の記述のうち、誤っているものはどれか。

イ　閉回路は、一般に、油圧モータを使用する回路に用いられることが多い。

ロ　閉回路において、フラッシング弁のリリーフ弁はキャビテーションを防ぐため、チャージポンプのリリーフ弁より設定圧力を高くする。

ハ　閉回路において、熱発生が多い場合は、フラッシング弁を組み込むことが望ましい。

ニ　閉回路においては、油圧ポンプ及び油圧モータの容積効率による不足分に相当する油量は、主としてチャージポンプにより供給している。

［B群（多肢択一法）］

6　文中の(　　)内に当てはまる語句として、適切なものはどれか。
プレスなどで油圧シリンダの圧力を静かに抜き、機械の損傷の原因となる回路の衝撃を少なくすることを(　　)という。
　イ　インタフロー
　ロ　フルカットオフ
　ハ　カットオフ
　ニ　デコンプレッション

7　全圧の定義に関する記述として、正しいものはどれか。
　イ　流体の流れをせき止めたときの静圧
　ロ　流線に平行な面に及ぼす流体の圧力
　ハ　絶対真空を基準として表した圧力の大きさ
　ニ　定められた条件の下で性能を保証でき、また、設計及び使用上の基準となる圧力

8　ブルドン管圧力計に関する記述として、誤っているものはどれか。
　イ　ブルドン管を弾性素子に用いてブルドン管の圧力による変形量を機械的に拡大して直接ゲージ圧を測定する単針・同心の丸形指示圧力計である。
　ロ　大気圧を基準として表した圧力(ゲージ圧)を計るものである。
　ハ　常用圧力は、定圧力に対しては、最大圧力の3/5とする。(最大圧力が100MPa未満)
　ニ　常用圧力は、変動圧力に対しては、最大圧力の2/3とする。(最大圧力が100MPa未満)

9　ブラダ形アキュムレータに関する記述として、誤っているものはどれか。
　イ　装着姿勢は、油口を下にした鉛直取付けをした方がよい。
　ロ　ガス封入圧力は、最低作動圧力の90%以上である。
　ハ　封入ガスは、窒素である。
　ニ　油口には、締切り弁を取り付ける場合がある。

10　配管に関する記述として、誤っているものはどれか。
　イ　配管材料は、一般に、使用圧力によって選択されるが、使用する作動液の種類や使用温度範囲等で選択される場合もある。
　ロ　ゴムホースは使用曲げ半径によって寿命が異なるが、最小曲げ半径の50%の曲げ半径で使用すると50%の寿命しか得られない。
　ハ　配管途中にエアーたまり部分ができるときは、エアー抜き装置を考慮する。
　ニ　管の振動防止のために管の支持を設けるが、これは管の外径によって定められた支持間隔の基準によることが望ましい。

［B群（多肢択一法）］

11 一般の油圧装置のフラッシングに関する記述として、正しいものはどれか。

イ フラッシング油の抜き取りは、油タンク内のみで十分である。

ロ 管路抵抗を大きくすると汚染物質を除去しやすいため、フラッシング油の粘度は、使用する作動油より高粘度のものを使用する。

ハ 油タンクの戻りラインへ取り付ける仮設フィルタの公称ろ過度精度は、6μm以下とする。

ニ フラッシング作業中はフラッシング油のサンプリング、フィルタエレメントの目詰まりチェックを必ず行う。

12 油圧装置の試運転を行う場合の方法として、誤っているものはどれか。

イ クーラ能力の確認を行う際の回路圧力は、最低作動圧力で行う。

ロ 電動機のスイッチをON、OFFさせ、ポンプの回転方向が正しいか確認する。

ハ 主圧力設定のリリーフバルブは、ハンドルを緩めて、圧力を下げておく。

ニ シリンダの空気抜きは、ストローク端で行うとよい。

13 油タンクに作動油を入れて油圧装置を初めて運転する場合に油圧回路内の空気抜きを行う理由として、一般に、適切でないものはどれか。

イ 油圧装置の作動遅れを防止する。

ロ サーボ弁の不安定化をなくす。

ハ シールの早期劣化を防止する。

ニ 油タンクの油温上昇を防止する。

14 交流形の電磁切換弁(電磁弁)で切換不良が発生した原因を調べるための調査内容として、誤っているものはどれか。

イ コイルの絶縁抵抗値をチェックする。

ロ 水などの浸入がないかをチェックする。

ハ 供給電源のプラス・マイナスをチェックする。

ニ スプールが固着していないかをチェックする。

15 ISO6743-4作動油の分類記号と組成／特性の組合せとして、誤っているものはどれか。

	分類記号	組成／特性
イ	HH	無添加鉱物油
ロ	HM	HHにR&O性を付加
ハ	HFB	W／O乳化型
ニ	HFC	水＋ポリマー

［B群（多肢択一法）］

16　作動油に関する記述として、誤っているものはどれか。

イ　密度は、温度の上昇に伴って減少する。
ロ　温度変化による粘度変化の小さな作動油は、粘度指数が大きい。
ハ　作動油のISO粘度グレードは、50℃での動粘度で表示される。
ニ　石油系作動油には、大気圧において8%程度の空気が溶解している。

17　次の作動油のうち、転がり軸受け潤滑性が最も劣るものはどれか。

イ　石油系作動油
ロ　脂肪酸エステル
ハ　水・グリコール
ニ　りん酸エステル

18　一般に、180℃の高温時に用いられるシール用ゴム材料はどれか。

イ　ニトリルゴム
ロ　ウレタンゴム
ハ　ふっ素ゴム
ニ　エチレンプロピレンゴム

19　文中の(　　)内に当てはまる語句として、正しいものはどれか。

日本産業規格(JIS)の「ねじの表し方」によれば、メートル台形ねじを表す記号は(　　)と規定されている。

イ　M
ロ　Tr
ハ　S
ニ　Rc

20　日本産業規格(JIS)によれば、ヒータの図記号として、正しいものはどれか。

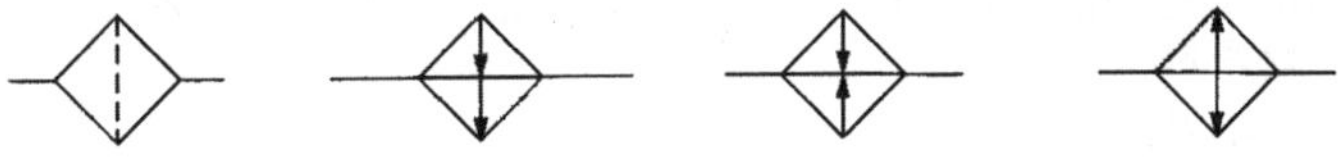

イ　　　ロ　　　ハ　　　ニ

［B群（多肢択一法)］

21　下図のアンロード弁を組み合わせた三相誘導電動機の起動回路に関する記述として、誤っているものはどれか。ただし、ソレノイドONにてオンロード状態とする。

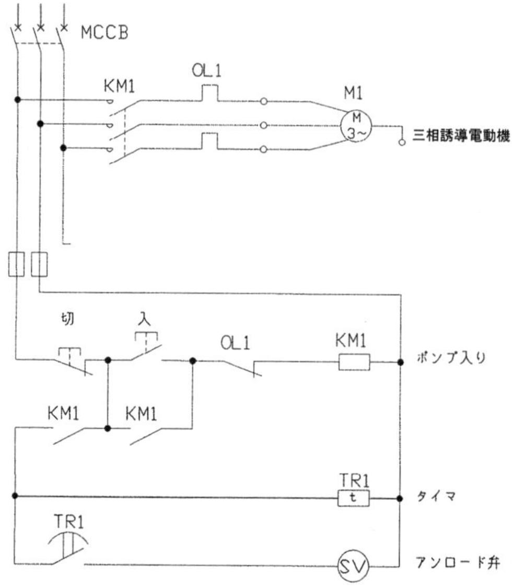

イ　「入」ボタンを押すと電動機が起動する。

ロ　「入」ボタンを離してもポンプは回り続ける。

ハ　「切」ボタンを押すとタイマのタイムアップ後アンロード弁がOFFする。

ニ　アンロード弁は、電動機が起動していないとオンロードしない。

22　文中の(　　)内に当てはまる語句として、正しいものはどれか。

日本産業規格(JIS)の「油圧・空気圧システム及び機器－用語」では、(　　)について、「温度0℃、絶対圧力101.3kPaでの乾燥気体の状態。」と規定している。

イ　臨界状態

ロ　乾燥状態

ハ　飽和状態

ニ　基準状態

23　文中の(　　)内に当てはまる語句として、適切なものはどれか。

気体の温度が0℃から10℃に上昇すると、0℃のときの体積に対して、約(　　)膨張する。ただし、圧力の変化はないものとする。

イ　0.037 %

ロ　0.37 %

ハ　3.7 %

ニ　37 %

［B群（多肢択一法）］

24　文中の(　　)内に当てはまる語句の組合せとして、適切なものはどれか。
消防法関係法令によれば、第四石油類とは、1気圧において引火点が(　①　)以上(　②　)未満のものをいう。

	①	②
イ	70 ℃	200 ℃
ロ	70 ℃	250 ℃
ハ	200 ℃	250 ℃
ニ	200 ℃	280 ℃

25　文中の(　　)内に当てはまる語句の組合せとして、適切なものはどれか。
アキュムレータに使用するガスは、(　①　)ガスである(　②　)を用い、間違っても(　③　)を封入しないように厳重に注意する。

	①	②	③
イ	不活性	窒素	酸素
ロ	不活性	酸素	窒素
ハ	活性	窒素	酸素
ニ	活性	酸素	窒素

油圧装置調整

正解表

令和4年度　2級　実技試験（計画立案等作業試験）正解表
油圧装置調整（油圧装置調整作業）

問題	正　解
1	下表
2	下表
3	下表
4	下表
5	下表

1

①	②	③	④	⑤	⑥	⑦	⑧
B	F	C	B	D	G	C	B

⑨	⑩	⑪	⑫	⑬	⑭	⑮
E	B	G	B	F	E	E

2

A	B	C	D	E	F	G	H	I	J
シ	タ	⑥	⑪	⑬	ウ	コ	ク	オ	⑨

※C、D、Eは、順不同。

3

Ⓐ	Ⓑ	Ⓒ	Ⓓ	Ⓔ
イ	シ	ウ	ク	オ

※D、Eは、順不同。

4

設問1				設問2
A	B	C	D	
イ	ク	ウ	オ	イ

設問3				設問4	設問5
ア	イ	ウ	エ		
⑨	③	⑩	④	イ	ウ

5

設問1				
①	②	③	④	⑤
オ	ア	ケ	カ	コ

設問2	設問3	設問4
ウ	イ	ウ

令和3年度　2級　実技試験（計画立案等作業試験）正解表
油圧装置調整（油圧装置調整作業）

問題	正　解

1

設問 1					設問 2			
①	②	③	④	⑤	⑥	⑦	⑧	⑨
オ	ク	ウ	ア	ウ	ク	キ	オ	ウ

※設問 1 の④、⑤は、順不同。

2

ア	エ	オ	ク	コ

※順不同。

3

①	②	③	④	⑤	⑥
ウ	ア	b	エ	エ	オ
⑦	⑧	⑨	⑩	⑪	⑫
a	ウ	ウ	ウ	ア	c

4

設問 1								
①	②	③	④	⑤	⑥	⑦	⑧	⑨
イ	ク	サ	ソ	タ	カ	セ	エ	ケ

設問 2	設問 3	設問 4	設問 5
ウ	イ	イ	イ

5

①	②	③	④	⑤	⑥	⑦
エ	ア	キ	カ	オ	ウ	イ

令和2年度　2級　実技試験（計画立案等作業試験）正解表
油圧装置調整（油圧装置調整作業）

問題	正　解

1

設問 1		設問 2					
無負荷時の最大上昇速度	加圧時の最大速度	①	②	③	④	⑤	⑥
オ	イ	イ	コ	キ	シ	ア	ウ

※設問 2 の⑤と⑥は順不同

2

設問 1	設問 2					
	①	②	③	④	⑤	⑥
エ	ス	サ	キ	エ	オ	ウ

3

Ⓐ	Ⓑ	Ⓒ	Ⓓ	Ⓔ
ア	ケ	エ	ク	オ

※Ⓓ と Ⓔ は順不同

4

設問 1		設問 2	設問 3	設問 4		
				①	②	③
ウ	オ	ウ	イ	イ	ア	ウ

※設問1は、順不同

設問 5	設問 6			
	①	②	③	④
ウ	ア	ウ	イ	オ

5

設問 1					
Ⓐ	Ⓑ	Ⓒ	Ⓓ	Ⓔ	Ⓕ
ア	ク	ウ	ケ	オ	シ

設問 2	設問 3	設問 4	設問 5	設問 6
イ	ウ	ウ	イ	イ

令和４年度　１級　実技試験（計画立案等作業試験）正解表
油圧装置調整（油圧装置調整作業）

問題	正　解

1

①	②	③	④	⑤	⑥	⑦	⑧	⑨	⑩
カ	ク	ウ	タ	ス	ト	オ	コ	サ	ア

2

設問 1				
①	②	③	④	⑤
オ	キ	ケ	ア	ウ

設問 2					設問 3
A1	A2	A3	A4	A5	
ウ	エ	オ	イ	ア	イ

3

A	B	C	D	E
ア	オ	ケ	セ	ソ

4

設問 1		設問 2	設問 3	設問 4		
				①	②	③
イ	オ	イ	イ	イ	ア	ウ

※設問1は、順不同。

設問 5				設問 6			
①	②	③	④	①	②	③	④
ア	ウ	イ	エ	ア	ウ	イ	オ

5

設問 1		設問 2	設問 3	設問 4	設問 5	設問 6	設問 7
ウ	オ	ア	ウ	ウ	ア	ア	イ

※設問1は、順不同。

令和３年度　１級　実技試験（計画立案等作業試験）正解表
油圧装置調整（油圧装置調整作業）

問題	正　　解

1

イ	オ	キ	ク	コ

※順不同。

2

①	②	③	④	⑤	⑥	⑦	⑧	⑨
ⓕ	オ	イ	ⓙ	カ	キ	ケ	サ	ⓗ

※⑦、⑧は順不同。

3

設問 1	設問 2	設問 3	設問 4	設問 5	設問 6	設問 7
ケ	ウ	カ	イ	ク	シ	ス

4

設問 1

①	②	③	④	⑤	⑥	⑦	⑧	⑨	⑩
エ	ク	コ	ス	イ	キ	カ	サ	ケ	シ

設問 2

①	②	③	④	⑤	⑥	⑦	⑧
ア	ク	コ	キ	タ	ス	ケ	チ

5

①	②	③	④	⑤	⑥	⑦
イ	オ	ケ	セ	シ	サ	ク

令和2年度　1級　実技試験（計画立案等作業試験）正解表
油圧装置調整（油圧装置調整作業）

問題	正　解						
1	設問1	設問2	設問3	設問4			
				①	②	③	
	カ	イ	ウ	ウ	カ	ケ	
2	イ	ウ	キ	ケ			
	※順不同						
3	①	②	③	④	⑤		
	イ	エ	キ	サ	シ		
4	設問1						
	ⓐ	ⓑ	ⓒ	ⓓ	ⓔ	ⓕ	ⓖ
	ア	エ	シ	ク	コ	セ	ウ
	設問2						
	ⓐ	ⓑ	ⓒ	ⓓ	ⓔ	ⓕ	ⓖ
	エ	ウ	ア	イ	ア	ク	カ
5	設問1			設問2			
	機器A	機器B	機器C	①	②	③	
	オ	ケ	キ	エ	サ	ス	
	設問3	設問4	設問5	設問6			
	エ	ウ	オ	イ			

令和４年度　２級　学科試験正解表
油圧装置調整（油圧装置調整作業）

真偽法

番号	１	２	３	４	５
正解	X	○	X	○	X

番号	６	７	８	９	１０
正解	○	○	X	X	○

番号	１１	１２	１３	１４	１５
正解	X	X	○	X	○

番号	１６	１７	１８	１９	２０
正解	X	X	○	X	X

番号	２１	２２	２３	２４	２５
正解	○	○	○	X	○

択一法

番号	１	２	３	４	５
正解	ハ	ハ	イ	イ	ロ

番号	６	７	８	９	１０
正解	ハ	ロ	ロ	ロ	ハ

番号	１１	１２	１３	１４	１５
正解	ニ	イ	ハ	ロ	イ

番号	１６	１７	１８	１９	２０
正解	ロ	ニ	ニ	イ	ニ

番号	２１	２２	２３	２４	２５
正解	イ	ハ	ハ	ハ	ハ

令和３年度　２級　学科試験正解表
油圧装置調整（油圧装置調整作業）

真偽法

番号	１	２	３	４	５
正解	○	X	X	○	X

番号	６	７	８	９	１０
正解	○	○	○	○	○

番号	１１	１２	１３	１４	１５
正解	X	○	X	○	X

番号	１６	１７	１８	１９	２０
正解	X	X	X	X	○

番号	２１	２２	２３	２４	２５
正解	X	X	○	○	○

択一法

番号	１	２	３	４	５
正解	ニ	イ	ロ	ニ	ハ

番号	６	７	８	９	１０
正解	ロ	ニ	イ	ハ	ニ

番号	１１	１２	１３	１４	１５
正解	ロ	ロ	イ	ハ	ニ

番号	１６	１７	１８	１９	２０
正解	ハ	ハ	ハ	ハ	ニ

番号	２１	２２	２３	２４	２５
正解	ロ	イ	ロ	ニ	ニ

令和2年度　2級　学科試験正解表
油圧装置調整（油圧装置調整作業）

真偽法

番号	1	2	3	4	5
正解	X	X	X	X	○

番号	6	7	8	9	10
正解	X	○	○	○	X

番号	11	12	13	14	15
正解	X	X	○	X	○

番号	16	17	18	19	20
正解	X	X	X	○	X

番号	21	22	23	24	25
正解	X	X	X	○	X

択一法

番号	1	2	3	4	5
正解	ハ	ニ	ハ	ニ	イ

番号	6	7	8	9	10
正解	ロ	ロ	ロ	ニ	ハ

番号	11	12	13	14	15
正解	ニ	イ	ハ	イ	ハ

番号	16	17	18	19	20
正解	イ	ロ	ハ	イ	ロ

番号	21	22	23	24	25
正解	イ	ロ	イ	ロ	イ

令和４年度　１級　学科試験正解表
油圧装置調整（油圧装置調整作業）

真偽法

番号	１	２	３	４	５
正解	×	×	×	○	×

番号	６	７	８	９	１０
正解	○	×	×	×	×

番号	１１	１２	１３	１４	１５
正解	×	○	×	○	×

番号	１６	１７	１８	１９	２０
正解	○	×	○	×	○

番号	２１	２２	２３	２４	２５
正解	×	○	○	×	○

択一法

番号	１	２	３	４	５
正解	ハ	ハ	イ	イ	イ

番号	６	７	８	９	１０
正解	ニ	ニ	ハ	ハ	ハ

番号	１１	１２	１３	１４	１５
正解	ハ	ハ	ロ	ニ	ロ

番号	１６	１７	１８	１９	２０
正解	ハ	ニ	イ	ロ	ロ

番号	２１	２２	２３	２４	２５
正解	ロ	ニ	ハ	ニ	ニ

令和３年度　１級　学科試験正解表
油圧装置調整（油圧装置調整作業）

真偽法

番号	１	２	３	４	５
正解	×	○	○	○	○

番号	６	７	８	９	１０
正解	○	○	○	○	○

番号	１１	１２	１３	１４	１５
正解	○	×	○	×	×

番号	１６	１７	１８	１９	２０
正解	×	○	○	○	○

番号	２１	２２	２３	２４	２５
正解	○	○	×	×	×

択一法

番号	１	２	３	４	５
正解	ロ	ロ	イ	ニ	ロ

番号	６	７	８	９	１０
正解	ロ	ハ	ハ	ロ	ハ

番号	１１	１２	１３	１４	１５
正解	ロ	イ	ロ	ニ	ニ

番号	１６	１７	１８	１９	２０
正解	ロ	ハ	イ	イ	ロ

番号	２１	２２	２３	２４	２５
正解	ニ	イ	ロ	ハ	ニ

令和２年度　１級　学科試験正解表
油圧装置調整（油圧装置調整作業）

真偽法

番号	１	２	３	４	５
正解	X	○	○	X	X
番号	６	７	８	９	１０
正解	○	X	○	X	○
番号	１１	１２	１３	１４	１５
正解	X	X	○	X	X
番号	１６	１７	１８	１９	２０
正解	X	X	X	○	X
番号	２１	２２	２３	２４	２５
正解	X	X	X	○	○

択一法

番号	１	２	３	４	５
正解	ハ	ニ	ロ	イ	ロ
番号	６	７	８	９	１０
正解	ニ	イ	ハ	ロ	ロ
番号	１１	１２	１３	１４	１５
正解	ニ	イ	ニ	ハ	ロ
番号	１６	１７	１８	１９	２０
正解	ハ	ハ	ハ	ロ	ハ
番号	２１	２２	２３	２４	２５
正解	ハ	ニ	ハ	ハ	イ

・本書掲載の試験問題及び解答の内容についてのお問い合わせには、応じられませんのでご了承ください。
・その他についてのお問い合わせは、電話ではお受けしておりません。お問い合わせの場合は、内容、住所、氏名、電話番号、メールアドレス等を明記のうえ、郵送、FAX、メール又はWebフォームにてお送りください。
・試験問題について、都合により一部、編集しているものがあります。

令和2・3・4年度

1・2級 技能検定　試験問題集　87　油圧装置調整

令和5年7月　初版発行

監　修　中央職業能力開発協会

発　行　一般社団法人 雇用問題研究会

〒103-0002　東京都中央区日本橋馬喰町1-14-5 日本橋Kビル2階
TEL　03-5651-7071(代)　FAX　03-5651-7077
URL　https://www.koyoerc.or.jp

印　刷　株式会社ワイズ

223087

ISBN978-4-87563-686-1 C3000